MAKING THE SILHOUETTE

7つのかたちをつくり分ける　ベースカットの組み立て方

古城 隆　小林和哉

DADA CuBiC

HAIR MODE Inc.

MESSAGE

カットのトレーニングを通して技術をどう学ぶか、またデザインを自由に表現するためには何が必要になるのか……、
本書はそういった疑問から企画されました。

カットにはさまざまな視点に基づくトレーニング方法があります。
カット技術の鍛え方、成長の仕方もさまざまだと言えるでしょう。

私たちが大切にしているのは、デザインの本質を学び、ヘアデザインを通して人をつくること。
そして、それを大きく左右するのが、ヘアスタイルのシルエットです。

シルエットのコントロールは、イメージや人物像のコントロールにつながります。
ヘアをデザインする上で、また人物像の表現力とデザインの完成度を高めるために、
シルエットという要素はとても大きな意味を持ちます。

シルエットの意味と特性を理解し、自在にシルエットをデザインする力を身に付けること。
そこから、ヘアデザインの第一歩が始まるのです。

古城 隆・小林和哉

CONTENTS

MESSAGE — 3

INTRODUCTION — 7

骨格と基本の3セクション — 8

「G」とは — 10

「L」とは — 12

3つのスライス — 14

段を付けるテクニック — 16

スライスの角度で変わる リフティングとODの比重 — 18

顔周りのシルエット操作 — 20

SILHOUETTE DESIGN 7STYLES
7つのシルエットデザイン — 22

7つのシルエットデザインとは — 24

SILHOUETTE 1　A-LINE — 26

SILHOUETTE 2　I-LINE — 28

SILHOUETTE 3　BALLOON — 30

SILHOUETTE 4　SQUARE — 32

SILHOUETTE 5　DIAMOND — 34

SILHOUETTE 6　S-LINE_light — 36

SILHOUETTE 7　S-LINE_heavy — 38

シルエット構成の要所 O/Sの幅の操作 — 40

CHAPTER 1
Aラインシルエット — 42

Aラインシルエット：イメージ＆デザイン分析 — 44

CUT TECHNIQUE　Aラインシルエット — 46

REVIEW　Aラインシルエット／ダイヤグラムの描き方 — 52

CHAPTER 2
Iラインシルエット — 54

Iラインシルエット：イメージ＆デザイン分析 — 56

CUT TECHNIQUE　Iラインシルエット — 58

REVIEW　Iラインシルエット／ダイヤグラムの描き方 — 64

CHAPTER 3
バルーンシルエット — 66

バルーンシルエット：イメージ＆デザイン分析 — 68

CUT TECHNIQUE　バルーンシルエット — 70

REVIEW　バルーンシルエット／ダイヤグラムの描き方 — 76

CHAPTER 4
スクエアシルエット — 78

スクエアシルエット：イメージ＆デザイン分析 — 80
CUT TECHNIQUE　スクエアシルエット — 82
REVIEW スクエアシルエット／ダイヤグラムの描き方 — 88

CHAPTER 5
ひし形シルエット — 90

ひし形シルエット：イメージ＆デザイン分析 — 92
CUT TECHNIQUE　ひし形シルエット — 94
REVIEW ひし形シルエット／ダイヤグラムの描き方 — 100

CHAPTER 6
軽めのSラインシルエット — 102

軽めのSラインシルエット：イメージ＆デザイン分析 — 104
CUT TECHNIQUE　軽めのSラインシルエット — 106
REVIEW 軽めのSラインシルエット／ダイヤグラムの描き方 — 112

CHAPTER 7
重めのSラインシルエット — 114

重めのSラインシルエット：イメージ＆デザイン分析 — 116
CUT TECHNIQUE　重めのSラインシルエット — 118
REVIEW 重めのSラインシルエット／ダイヤグラムの描き方 — 124

TRAINING METHOD OF CUT
カットのトレーニング方法 — 126

STEP 1 デッサンを描く — 128
STEP 2 ダイヤグラムを描く — 130
STEP 3 カットしたスタイルを分析 — 133

著者プロフィール — 134
STAFF LIST — 135

INTRODUCTION

ヘアスタイルにおける「シルエット」とは?

シルエットとは、影絵のこと。
立体の造形を平面で捉え、その輪郭線で形成されるかたちがシルエットだ。

ヘアデザインにおけるシルエットとは、ヘアの外郭・輪郭のかたちを意味し、
立体であるヘアスタイルのフォルムを、平面で捉えた際の見え方によってシルエットは成立する。
そして、このシルエットをデザインすることが、ヘアスタイルのイメージやテイスト、人物像の表現に結び付く。

鏡に映るヘア、写真に映るヘアスタイルの第一印象は、シルエットが決める。

例えば顔周りやアウトラインのディテールを操作するだけでも、ヘアデザインの印象は変えられる。

ただ、シルエット、つまりヘアスタイル全体のデザインをコントロールすることが、
さらに踏み込んだ提案につながり、デザイン設計の選択肢を増やしてくれる。

まずはその選択肢を広げる上で必要であり、デザイン設計の根幹となる、
髪の重なりやその操作方法について触れる。

骨格と基本の3セクション

ヘアスタイルのシルエットをデザインする上で欠かせないのが、骨格の特徴を知ること。
まずは髪の落ち方、重なり方に直結する、骨格をベースに、
ヘアデザインの構築に必須となる、セクション設計の考え方を学ぶ。

基本のセクショニングと
ヘアラインの形状

頭全体をセクションで分割する際は、骨格の形状を基準にするとよい。骨格の形状が似ている部位は、髪の落ち方も同様になるため、右図のように、頭を3つに分けて考えると、カットの構成が見えやすくなる。またカットの構成に大きく影響する、各セクションにおける生え際の線（ヘアライン）の形状も合わせて解説。

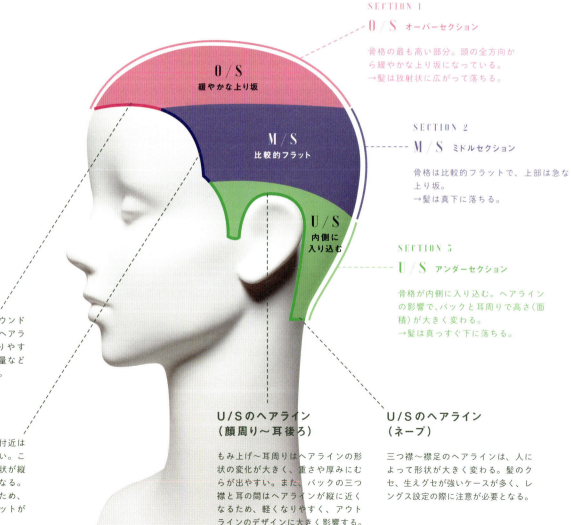

SECTION 1
O/S オーバーセクション

骨格の最も高い部分。頭の全方向から緩やかな上り坂になっている。
→髪は放射状に広がって落ちる。

SECTION 2
M/S ミドルセクション

骨格は比較的フラットで、上部は急な上り坂。
→髪は真下に落ちる。

SECTION 3
U/S アンダーセクション

骨格が内側に入り込む。ヘアラインの影響で、バックと耳周りで高さ（面積）が大きく変わる。
→髪は真っすぐ下に落ちる。

O/Sのヘアライン

ヘアラインの形状は水平〜ラウンド状が一般的。バングゾーンはヘアラインの影響もあり、重くなりやすい。また、クセや毛流れ、毛量などが前髪のデザインに影響する。

M/Sのヘアライン

比較的毛量は少ない。額の角付近は髪が細く、軟らかいことが多い。こめかみ付近はヘアラインの形状が縦に近くなり、軽さが出やすくなる。また、髪が縦に重なっていくため、切り口の角度によってシルエットが変化する。

U/Sのヘアライン（顔周り〜耳後ろ）

もみ上げ〜耳周りはヘアラインの形状の変化が大きく、重さや厚みにむらが出やすい。また、バックの三つ襟と耳の間はヘアラインが縦に近くなるため、軽くなりやすく、アウトラインのデザインに大きく影響する。

U/Sのヘアライン（ネープ）

三つ襟〜襟足のヘアラインは、人によって形状が大きく変わる。髪のクセ、生えグセが強いケースが多く、レングス設定の際に注意が必要となる。

インターナルとエクスターナル

ヘアデザインは、フォルムの形状や表面のボリューム感、ウエイトなどを形成する「インターナル」と、
前髪や顔周りのシルエットを決める「エクスターナル」に分けて考えると、合理的な設計が可能になる。
下の2つの図が、骨格上、インターナルとエクスターナルを担うセクションの基本的な分け方。
これに基本の3セクションを落とし込めば、シルエットをデザインするためのセクション設計が考えやすくなる。

インターナル

インターナルを形成するセクションは、目指すデザインによって分割(下の図はその一例)。
このインターナルを構成するゾーンを骨格の特性に合わせて3分割すると、バックのフォルムやウエイト感を設計しやすくなる。

エクスターナル

エクスターナルも、目指すデザインによってその範囲が変化するが、基本的にはヘアライン上のアウトラインを形成する切り口のセクションを指す。これに基本的な「骨格の3分割(左ページ参照)」踏まえると、顔周りのデザインを設計しやすくなる。

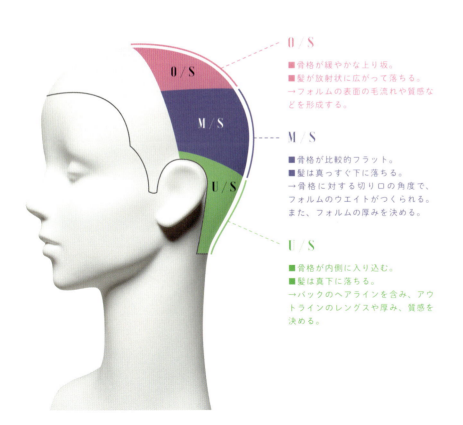

O/S
■ 骨格が緩やかな上り坂。
■ 髪が放射状に広がって落ちる。
→ フォルムの表面の毛流れや質感などを形成する。

M/S
■ 骨格が比較的フラット。
■ 髪は真っすぐ下に落ちる。
→ 骨格に対する切り口の角度で、フォルムのウエイトがつくられる。また、フォルムの厚みを決める。

U/S
■ 骨格が内側に入り込む。
■ 髪は真下に落ちる。
→ バックのヘアラインを含み、アウトラインのレングスや厚み、質感を決める。

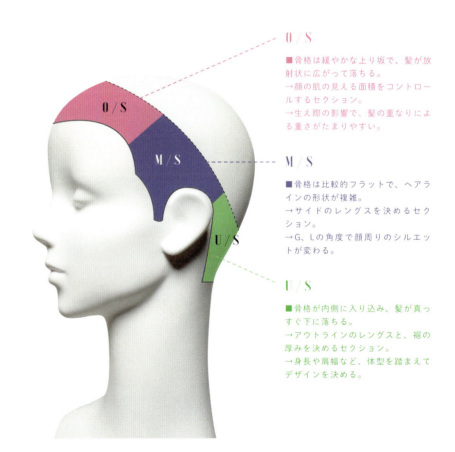

O/S
■ 骨格は緩やかな上り坂で、髪が放射状に広がって落ちる。
→ 顔の肌の見える面積をコントロールするセクション。
→ 生え際の影響で、髪の重なりによる重さがたまりやすい。

M/S
■ 骨格は比較的フラットで、ヘアラインの形状が複雑。
→ サイドのレングスを決めるセクション。
→ G、Lの角度で顔周りのシルエットが変わる。

U/S
■ 骨格が内側に入り込み、髪が真っすぐ下に落ちる。
→ アウトラインのレングスと、裾の厚みを決めるセクション。
→ 身長や肩幅など、体型を踏まえてデザインを決める。

「G」とは

シルエットは髪の重なり方によってその形状を変える。
「G」とは髪の重なり方の1つで、「上が長く下が短い切り口」であることと、
その状態・デザイン効果を指す。ここでは、この「G」の基本を解説。

インターナルの「G」＝ 骨格に対して 上が長く下が短い切り口とその状態

骨格に対してG、つまり上が長く、下が短い状態で髪を重ねていくと、フォルムに重さや厚みを出すことができ、
シルエットに丸みをつくりやすい。動きは出しにくいが、フォルムのウエイトづくりなどに適している。

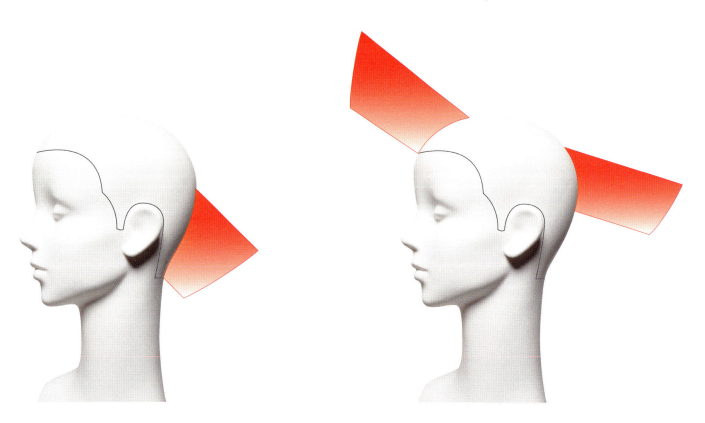

エクスターナルの「G」= ヘアラインに対して 上が長く下が短い状態

ヘアラインに対して上が長く、下が短い切り口でデザインすると、顔周りのウエイト感を強調できる他、顔周りに空間をつくりやすい。
また、顔〜首の肌の見える面積を増やしやすく、軽い印象をつくることが可能。なお切り口の角度によって、ウエイトの重さが変化する。

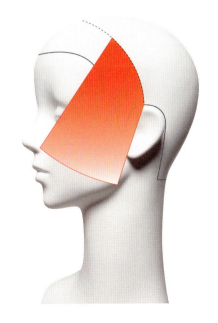
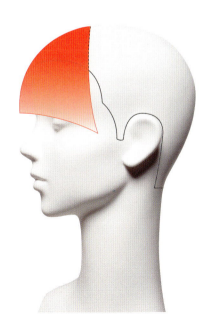

「L」とは

シルエットは切り口の角度によってコントロールできる。
「L」も髪の重なりの1つであり、「上が短く下が長い切り口」と、
その状態・デザイン効果を指す。「G」に続き、ここでは「L」の基本を解説する。

インターナルの「L」＝ 骨格に対して 上が短く下が長い切り口とその状態

骨格に対してL、つまり上が短く、下が長い状態で髪を重ねていくと、軽さや動き、フラットなかたちなどをつくりやすい。
Gに比べてウエイトの形状はソフトになり、比較的フラットなシルエットとなる。

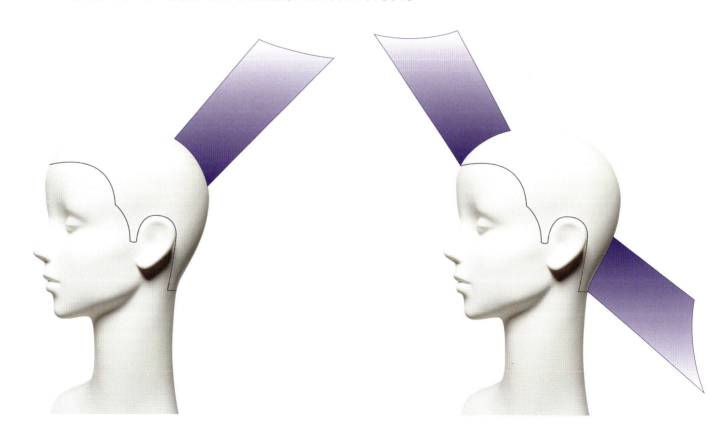

セイムレイヤー「SL」とは

セイムレイヤー（SL）とは、骨格、ヘアラインそれぞれに対して「上と下が同じ長さ」の切り口とその状態を意味する。
骨格に対するSLは、骨格と平行な切り口（オンベースに引き出したパネル）で、シルエットは骨格の形状と同様になる。ヘアラインに対してSLの切り口は、ヘアラインと平行な切り口になり、シルエットに丸みを残しながら、軽さをつくることができる。

インターナル／
骨格に対してSL

エクスターナル／
ヘアラインに対してSL

エクスターナルの「L」＝ ヘアラインに対して 上が短く下が長い状態

ヘアラインに対して上を短く、下が長い切り口にすると、特に顔周りの厚みが薄くなり、軽さが出る。また切り口の角度を変えることで、毛流れを操作でき、顔周りなどに動きを付けやすい。さらに、切り口の角度が急になると（HL＝ハイレイヤー）厚みは減り、フラットなシルエットになる。

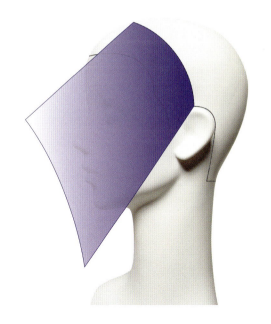

3つのスライス

スライスとは、カットの際に頭に引く線のこと。
シルエットをコントロールするために必要なスライスの種類は主に3つ。
これらをどう選び、使いこなすかが、カットの効率や仕上がりの精度につながる。

横スライス

基本的に下から積み上げるように切り進めるため、骨格の影響で段差が丸くなることが多く、「丸さやウエイトのあるフォルム」をつくりやすい。また厚みや重さを残すことができる。

「リフティング（P.16参照）」をコントロールしやすい。

縦スライス

頭の丸みに対して「切り口が直線的」になりやすいため、軽さのある、シャープなフォルムをつくるのに向く。また、シルエットをフラットにつくることができる。

▼

「オーバーダイレクション（P.17参照）」をコントロールしやすい。

斜めスライス

頭の丸みに対し、最も切り口をフィットさせやすい。どんなゾーンでも斜めの角度設定（横寄り～縦寄り）次第でさまざまな切り口をつくることができ、髪の重なりを自由に操作できる。

▼

「リフティングとオーバーダイレクション（P.16-17参照）」を同時に使うことが可能。

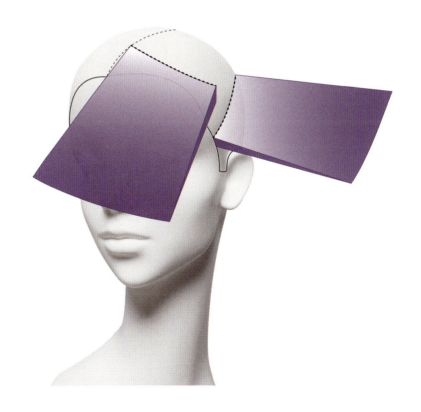

段を付けるテクニック

効率的にヘアをデザインする上で欠かせないのが、段を付けるためのパネルコントロール。
前ページで触れた3つのスライスをベースに、
厚みや段の幅を操作する、2つの重要なテクニックを解説する。

リフティング

横〜横寄りの斜めスライスで使いやすいテクニック。
基本的に下から切り進めるため、シルエットに丸みや厚みを加えるのに有効。

リフトアップ

1つ前にカットしたパネルに対し、上に持ち上げてカットするテクニック。パネルを大きく持ち上げるほど段が広くなる。また、フォルムのウエイトが上がり、軽さのあるかたちをつくることができる。

リフトダウン

1つ前にカットしたパネルに対し、次のパネルを同じ高さ、または下げてカットするテクニック。段差の幅が狭くなることで、ウエイトがキープされる。また、フォルムのウエイト感を強調できる。

LIFT UP

LIFT DOWN

オーバーダイレクション〈OD〉

オーバーダイレクション(OD)とは、パネルを前後に引き寄せてカットするテクニック。
基本的にGの場合はリフトダウン、Lの場合はリフトアップしてコントロールする。
スライスやパネルを引く方向の操作により、さまざまな段やウエイトラインの表現が可能。

ODでLを入れる場合
＝オンベースを基準に考える

Lの切り口を生かして段差幅をコントロールする場合は、オンベースを基準にしてパネルを引き出す方向を調整。スライスの角度にもよるが、基本的に後方(バック側)にパネルを引いて切れば前下がり、前方(顔側)にパネルを引いて切れば前上がりの段がつくられる。

ODでGを入れる場合
＝髪が自然に落ちる位置を基準に考える

Gの切り口を生かして毛先に厚みを残す場合や、アウトラインに角度を付けたい場合などは、髪が自然に落ちる位置を基準にしてODをかける。主に横～横寄りの斜めスライスからパネルを取り、狙う段の幅(低め)やアウトラインの角度(前下がり・前上がり)に合わせ、パネルを引き出す方向を操作。

前方にOD ◀ **オンベース** ▶ **後方にOD**

オンベースに対して前方に引く＝前上がりの段ができる。

オンベースに対して後方に引く＝前下がりの段ができる。

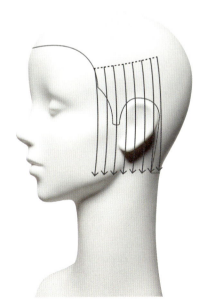

髪の毛が自然に落ちる位置。

髪が自然に落ちる位置に対し、後方にODをかけた状態。切り口は前下がりになり、ウエイトラインも前下がりになる。

スライスの角度で変わる リフティングとODの比重

P.14-15でも触れたように、スライスの角度によって、リフティングとODの効果は変わる。
それに加え、縦、横、斜めの各スライスでカットする際、
それぞれのパネルにリフティングとODを同時に使うと、より立体的なシルエットをつくることが可能。
1つのパネルにリフティングとODをどんな割合で使うか、
それぞれの「比重」をコントロールすることが、ベースカットの精度向上につながる。

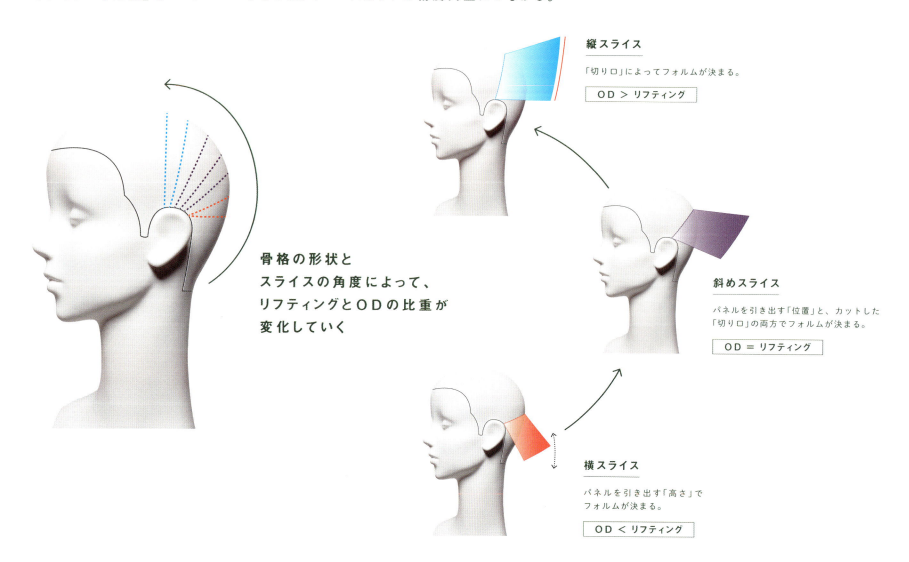

骨格の形状と
スライスの角度によって、
リフティングとODの比重が
変化していく

縦スライス

「切り口」によってフォルムが決まる。

OD ＞ リフティング

斜めスライス

パネルを引き出す「位置」と、カットした「切り口」の両方でフォルムが決まる。

OD ＝ リフティング

横スライス

パネルを引き出す「高さ」でフォルムが決まる。

OD ＜ リフティング

1パネルの意味を考える

同じスライス線上から同じ角度でパネルを引き出しても、骨格の形状や髪の落ち方の変化などにより、パネルごと、また1パネル内でも切り口の意味が変わることもある。

例えば、同じスライスから複数に分けてパネルを引き出す際、幅の広い斜めスライスでは、頭の丸みの影響で、スライスの角度が変化する(縦寄り〜横寄り)。つまり1つのパネル、または同じスライス線上のパネルの切り口に、どんな意味を持たせるかを細かく考えながらプロセスを組み立てることが大切。

バックから切り進める場合

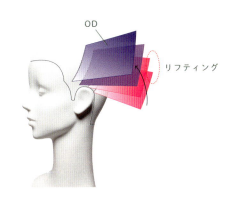

● 正中線側(O/S側)は骨格の丸みが強くなる。それに伴い、縦寄りの斜めスライスの正中線付近は横寄りに変化。リフティングの比重が強くなり、正中線付近に重さが出る。

● バックからフロントへ切り進めていくと、髪の落ち方が変わるため、ODの比重が上がり、段差幅が広くなりやすい。

フロントから切り進める場合

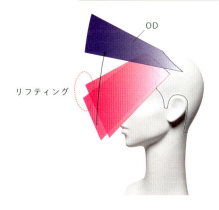

● 髪の落ち方やヘアラインの形状などの影響で、バングゾーンは横寄りの斜めスライスに。リフティングの比重が上がり、厚みが残りやすくなる。

● 顔側からトップ側へ切り進めると、骨格の影響で縦寄りの斜めスライスに変化。髪の落ちる位置も変わり、縦の重なりが強くなるため、ODの比重が上がり、段の幅が広くなる。

比重の変化とかたちの変化

「1パネルの意味」でも言及したように、切り口が持つ意味の変化は、フォルムやシルエットのかたちにも大きく影響する。ただし、左ページで解説した「比重」をコントロールすれば、シルエットのかたちはもちろん、ディテールの調整も可能になる。骨格やヘアラインの特徴を理解し、リフティングとODの比重の操作につなげることが、デザインの質を上げるポイント。

アウトラインに厚みを残す

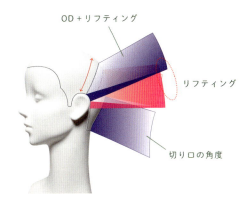

● バックからフロントに向かって切り進める際、耳後ろはスライス幅が狭くなるため、ODを強める(比重を上げる)。こうすることで薄くなりやすい耳周りのアウトラインに厚みを残すことが可能(リフティングだけだと薄くなりやすい)。

シルエットに丸みを残して軽さを加える

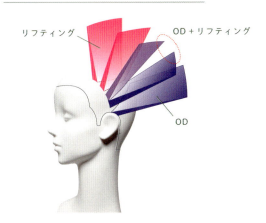

● 顔周りのシルエットを決めた後、バックから後方にODをかけてインターナルをつくる際、M/Sの上部付近からリフティングに移行(比重を上げる)。こうすれば顔周りのシルエットに適度な丸みを残しながら、軽さをつくることができる。

顔周りのシルエット操作

ヘアスタイルの第一印象を決めるのが、フロントビューのシルエット。
そして、そのかたちは顔周りの長さや段差の構成によって大きく変わる。
INTRODUCTIONの最後に、シルエットの印象を大きく変える、
顔周りのシルエット操作について掘り下げる。

顔周りのセクション構成

フロントビューのシルエットは、エクスターナルとなる、イヤーツーイヤーより顔側のセクションでその土台が形成される。
なお、顔周りはヘアラインの形状が関係し、「シルエットとアウトラインを同時に形成する」部位でもある。従って、骨格の影響で変化する髪の落ち方、重なり方、毛先がつくるラインをしっかり考え、テクニックを選択・設計する必要がある。

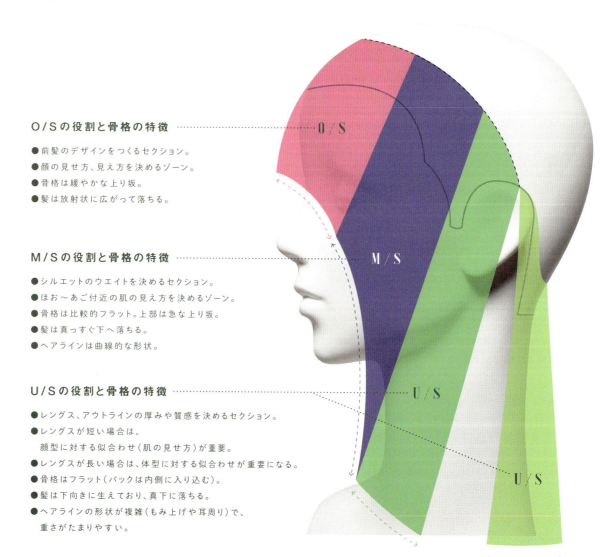

O/Sの役割と骨格の特徴

- 前髪のデザインをつくるセクション。
- 顔の見せ方、見え方を決めるゾーン。
- 骨格は緩やかな上り坂。
- 髪は放射状に広がって落ちる。

M/Sの役割と骨格の特徴

- シルエットのウエイトを決めるセクション。
- ほお～あご付近の肌の見え方を決めるゾーン。
- 骨格は比較的フラット。上部は急な上り坂。
- 髪は真っすぐ下へ落ちる。
- ヘアラインは曲線的な形状。

U/Sの役割と骨格の特徴

- レングス、アウトラインの厚みや質感を決めるセクション。
- レングスが短い場合は、顔型に対する似合わせ（肌の見せ方）が重要。
- レングスが長い場合は、体型に対する似合わせが重要になる。
- 骨格はフラット（バックは内側に入り込む）。
- 髪は下向きに生えており、真下に落ちる。
- ヘアラインの形状が複雑（もみ上げや耳周り）で、重さがたまりやすい。

各セクションの髪の落ち方・重なり方

左ページのセクション図をもとに、実際の髪の落ち方、重なり方をイメージしてみよう。O/S、M/S、U/S各セクションの骨格とヘアラインのかたちを理解すれば、髪の落ち方、重なり方が見えてくる。またヘアラインの形状や、レングスが長い場合は肩に当たる部分などを考慮し、仕上がりをイメージしながらテクニックを設計することが大切。

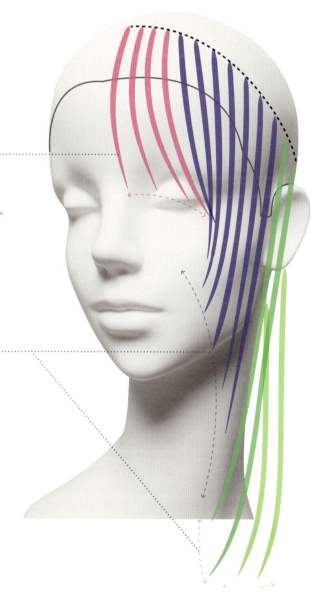

O/Sの髪の落ち方と特性

- 髪は顔に沿って真下に落ちる。
- 設定する幅によって、肌の見える面積が変化する。
- 特に短い場合はカットラインがそのままデザインに直結。

M/S・U/Sの髪の落ち方と特性

- 髪が真下に落ち、縦に重なる。
- フォルム（厚み）と同時にアウトラインが形成される。
- もみ上げ、耳周り付近は重なる髪が多いため、重さがたまりやすい。

A-LINE

I-LINE

BALLOON

SQUARE

DIAMOND

S-LINE_light

S-LINE_heavy

SILHOUETTE DESIGN 7 STYLES

7つのシルエットデザイン

ここからは、INTRODUCTIONで解説した
内容を落とし込んだ、
サロンワークでニーズの高い、
7つのシルエットを紹介する。
ヘアスタイルの輪郭線であるシルエットのデザインで、
人物像はどう変化するのか。
その違いを感じよう。

SILHOUETTE DESIGN
7つのシルエットデザインとは

7つのシルエットにデザインしたスタイルを紹介する前に、まずはそれぞれのシルエットが持つ特徴や、
デザイン的な効果を解説。シルエットの「かたち」自体が放つイメージやバランスなど、
シルエット操作によって人物像をつくる上で、知っておくべき要素を整理。

SILHOUETTE 1
Aラインシルエット

IMAGE
リュクス
エレガント
コンサバティブ

トップが軽く、裾周りに厚みを残して形成するシルエット。アウトラインの厚みによってシルエットに安定感が出るため、清楚で落ち着いたムードを強調することが可能。またボリュームを出しやすいため、上品でエレガントなイメージも表現できる。

SILHOUETTE 2
Iラインシルエット

IMAGE
アーバン
カジュアル
スタイリッシュ

O/Sのトップ〜M/SにLを入れながら、裾周りに厚みを残すことで、フラットかつ縦長に仕上げたシルエット。表面に動きを出しやすく、都会的でスタイリッシュなムードを引き出せる。また、スタイリング次第でカジュアルなテイストの表現も可能。

SILHOUETTE 3
バルーンシルエット

IMAGE
キュート
イノセント
ガーリー

前上がりのアウトラインと、低く丸いウエイトで、全体に丸さを出したシルエット。顔周りのウエイトは、レングスのほぼ中間に丸くつくり、やわらかさをプラス。丸みの強いかたちが、キュートやガーリーなど、かわいらしい印象を感じさせやすい。

SILHOUETTE 4
スクエアシルエット

IMAGE
クール
スポーティー
クリーン

ワンレングスベースのボブで、動きを出しやすい点が特徴のシルエット。M/S〜O/SにLを入れることで、シルエットに動きをつくりやすくする。丸みを抑え、ワンレングスボブより軽く、クールかつクリーンなイメージを引き出すシルエット。

SILHOUETTE 5
ひし形シルエット

IMAGE
マニッシュ
ナチュラル
ジェンダーレス

重さと軽さのコントラストを効かせたシルエット。レングスが短いケースが多く、その分ウエイトが強調され、かたちにメリハリを付けやすい。特にやや中性的なムードの表現に適したシルエットで、マニッシュ、ジェンダーレスといった人物像の表現に向く。

SILHOUETTE 6
軽めのSラインシルエット

IMAGE
フェミニン
アクティブ
ソフト

O/Sのトップからu/Sまで、全体にLを入れ、軽さや動きを感じさせるシルエット。M/Sにソフトな丸みのあるウエイトをつくるため、フラットで縦長なIラインと比較し、フェミニンなイメージをつくりやすいシルエットデザインだと言える。

SILHOUETTE 7
重めのSラインシルエット

IMAGE
ミステリアス
モード
ユニセックス

顔周りのマッシュラインが特徴的なシルエット。トップに長さを残し、シルエットに適度な重さと丸さをつくっている。また、後ろ下がりのウエイトラインでフォルムを構成。バックのウエイトを低めにし、裾周りの軽さとメリハリを出すのもポイント。

次のページからは、モデルに落とし込んだ7つのシルエットを紹介。ここで解説した、各シルエットが放つイメージと、その印象を形成するデザインの構成に注目。また、ヘアスタイルのシルエットをデザインすることが、人物像を形成している点にも着目してほしい。

SILHOUETTE 1
A-LINE

Aラインシルエット

裾周りを中心に、シルエットの低い位置に
厚みや重さを感じさせるかたち。
表面は軽くフラットな構成で、三角形状のシルエット。

SILHOUETTE 2
I-LINE

Iラインシルエット

直線的で縦長なシルエット。
全体をフラットで、動きが出る髪の重なりで構成する、
スマートでスタイリッシュなかたち。

SILHOUETTE 3
BALLOON

バルーンシルエット

丸さを強く感じさせるシルエット。
部位によって形状の異なる骨格に対し、
重さのある、曲線的な丸みをフィットさせる。

SILHOUETTE 4
SQUARE
スクエアシルエット

丸みを抑え、フラットな部分と
厚みを持たせたバングで構成するシルエット。
クールかつクリーンな印象に導くかたち。

SILHOUETTE 5
DIAMOND

ひし形シルエット

厚みのある部分と、軽さのあるフォルムを組み合わせ、
コントラストを効かせたシルエットが特徴。
頭へのフィット感が重要になる。

SILHOUETTE 6
S-LINE_light
軽めのSラインシルエット

軽めのフォルムに、やわらかい丸みと
くびれを付けて構成するシルエット。
S字状の曲線を軽やかに、顔～首にフィットさせる設計がカギ。

SILHOUETTE 7
S-LINE_heavy

重めのSラインシルエット

重めのフォルムで、ウエイトに厚みを感じさせるシルエット。
表面の厚みに対するウエイト設定と、
軽さとのコントラストがポイント。

シルエット構成の要所
O/Sの幅の操作

ヘアスタイルにおけるシルエットのかたちや厚み、
表面の毛流れなど、仕上がりのデザインに
大きく関わるのが、「O/Sの幅」の設定。
前ページまでで紹介した7つのスタイルも、
目指すデザインに合わせて
それぞれ「O/Sの幅」が調整されている。
ここでは3つのスタイルをピックアップし、
骨格の形状を起点とする
「基本の3セクション」をベースにした、
O/Sの幅の設定と、
そのデザイン効果の違いを見ていく。

Aラインシルエット

裾周りに厚みをつくったAラインシルエットのスタイルは、O/Sの幅をやや狭めに設定。これは、U/S〜M/Sに厚みを残しながら(広めに取る必要がある)、O/Sに軽さを出すため。また、裾の厚みと表面の軽さで、シルエットにメリハリを出す狙いもある。

重めのSラインシルエット

フォルムに厚みを感じさせる、重めのSラインシルエットのスタイルは、Aラインシルエットのスタイルに比べ、O/Sの幅を広めに設定している。O/Sの幅を広げ、表面に軽さをつくると、M/Sの重さを強調することが可能。フォルムのウエイトや重さ、厚みなどを際立たせ、シルエットにメリハリをつくっている。

Iラインシルエット

Iラインでは、O/Sの幅を重めのSラインシルエットよりもさらに拡張。こうすることで、(M/Sとのつながりを踏まえ)O/Sの長さを短く設定しやすくなる。つまり、シルエットに軽さやフラット感をつくるには、O/Sの幅を広くするのが有効。なお、フラットなシルエットは骨格の影響を受けやすいため、このスタイルでは、骨格の性質で分ける「基本の3セクション(P.8)」と同様に3分割している。

CHAPTER 1

A-LINE
SILHOUETTE

Aラインシルエット

A-LINE

I-LINE

BALLOON

SQUARE

DIAMOND

S-LINE, light

S-LINE, heavy

幅広いレングスでニーズの高い、
Aラインのシルエット。
裾に向かって広がるAラインの
デザイン的なポイントは、
裾周りの厚さ・重さと、表面の軽さとのバランスだ。
本章では、比較的シンプルな構成で設計できる、
Aラインシルエットをつくるテクニックを解説。

SILHOUETTE 1
A-LINE

Aラインシルエット：イメージ＆デザイン分析

Aラインシルエットをつくるカットテクニックの詳細を解説する前に、
P.26-27で紹介したスタイルのイメージや、デザインのポイントを紹介。
裾広がりなAラインは、どんな人物像をつくり上げるのか、その要所を押さえていこう。

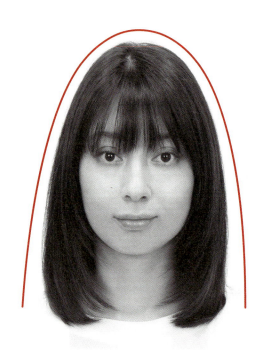

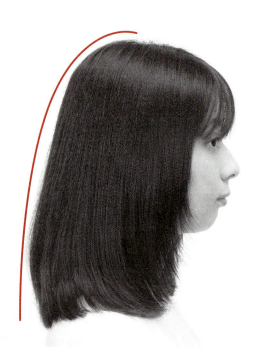

全体的なイメージは、エレガント、コンサバティブ、清楚など、比較的落ち着いた印象。また、甘めな雰囲気の顔立ちが特徴のモデルに、カジュアルなイメージを加えるため、顔周りにレイヤーを入れ、軽さや抜け感をプラス。

DESIGN & TECHNIQUE POINT

Aラインシルエットのポイントは、重さと軽さのメリハリを付けながら、奥行きのあるフォルムをつくること。またこのスタイルでは、顔周りの厚みや抜け感を調整し、モデルにフィットさせながら、立体的なシルエットに仕上げている。

(POINT 1)

裾周りの厚みやウエイトを際立たせるため、トップをLで構成。シルエットの厚みに重さと軽さのメリハリをつくっている。

(POINT 2)

今回のAラインのスタイルでは、前髪を薄めにすることで、顔周りの軽さを強調。また、その抜け感によってカジュアルなムードをプラス。

(POINT 3)

顔周りを軽めにしつつ、バックに向かって重さを残すように構成。奥行きのあるシルエットに仕上げ、立体感を強調している。

CUT TECHNIQUE
Aラインシルエット

表面のレイヤー構成と
アウトラインの厚みの設計がカギ

Aラインシルエットの要所は、表面の軽さと、
裾周りの厚みとのバランス。
セクションによって重さや厚みに変化を付けつつ、
まとまりのあるシルエットを形成する、
アウトラインとウエイトの設計がポイント。

MODEL / STYLE

WIG / FINISH

BEFORE

STEP 1
レングス設定

1

イヤーツーイヤーで前後に分けた後、バックからカット。センターから真下にパネルを引いてレングスを設定。

2

1をガイドに、頭の丸みに合わせて回り込み、水平なカットラインでつなげる。耳上まで同様にカット。

3

三つ襟〜耳上は前方にパネルを引き出し、リフトダウンしながら、イヤーツーイヤー際のコーナーをカット。

4

バックのアウトラインは、毛先が肩にかかることを踏まえ、自然なラウンド状の切り口で構成。

5

イヤーツーイヤーよりフロント側は真下に引き出し、バックの延長上でカット。やや前上がりにしておく。

STEP 2
前髪

額の中央に小さめのセクションを取り、ややリフトアップ。髪が落ちる位置を見て、目にかかる長さでカット。

センターの切り口をガイドに、斜め（サイド側が長めのラウンド状）にカットしながら前髪の幅を広げる。

縦にハサミを入れて切り口をソフトに。ラインを斜めにするのは、サイドのLをなじませやすくするため。

表面のセクションも内側と同様にカット。生え際の切り口をガイドにして、ラウンド状のラインに。

内側と同様、黒目の上ぐらいまでラウンド状に前髪の幅を広げる。髪が自然に落ちる位置でカット。

前髪のベースカット終了の状態。アウトラインは左右対称に、緩やかなラウンド状につなげておく。

STEP 3
フロントのフォルム

耳上付近からヘアラインと平行にイヤーツーイヤーのセクションを設定。Lを入れるセクションを取る。

1パネル目。前方にODをかけつつリフトダウン。レングスをガイドに、ヘアラインに対してSLを入れ、角を取る。

2パネル目は、1パネル目の切り口をガイドにしつつ、ヘアラインに対してLの角度で軽さを出す。

3パネル目。ヘアラインに対するLの角度を14より強め、U/Sに厚みを残しつつ、顔周りに軽さを出す。

4パネル目。ヘアラインの影響で重さが残りやすいため、15よりLの角度を強め、重さを取る。

5パネル目。仕上がりのパートラインまで16と同様につなげ、HLの切り口で軽さを出し、顔周りに奥行きをつくる。

左サイド側の5パネル目まで切り終えた状態。裾周りに厚みがありながら、表面に向かって軽くなっている。

STEP 4
バックのフォルムとのなじませ

2線目の1パネル目。フロント側のLの切り口をガイドに、少しリフトアップしてつなげる。

M/Sはリフトダウンし、ODをかけて顔周りの切り口をガイドにカット。表面に軽さを出し、裾に重さを残す。

U/Sもリフトダウンしてしでカットする。アウトラインを削らないよう、前方にODをかけ、生え際に厚みを残す。

STEP 5
フロント側のコーナーチェック

サイド〜顔周りに落ちるO/SのLと、M/S〜U/Sとの角（赤丸部）をチェック。これらをフォルムになじませ、シルエットをなめらかにしていく。

頭頂部付近から上方にパネルを引き、表面にLを入れ、シルエットに軽さを出す。

O/Sをカットする際は、パネルをリフトアップさせつつ前方にODをかけ、バックに重さを残す。

U/Sは前方にODをかけつつリフトダウンし、Gの切り口でアウトラインの厚みを少し削る。

STEP 6
バック側のコーナーチェック

バック側に落ちるO/SのLの切り口から、ワンレングスの状態のM/SをLでカット。

アウトラインに合わせて前方にODをかけ、Gの切り口でアウトラインにつなげる。バックの裾周りには厚みを残す。

| WET CUT FINISH |  | DRY CUT START |  |

ウエットカット終了の状態。ベースカットでは左右対称に段差を構成し、シルエットのベースはほぼ完成させる。

全頭をブロードライした状態。乾かした状態で、顔周り中心に軽さや隙間などのディテールを整え、フィット感を上げる。

STEP 7 DRY CUT / 前髪

28　前髪をコームで持ち上げ、毛先の厚みを調整。縦にハサミを入れ、前髪の切り口をぼかす。

29　髪の落ち方を確認し、Lを入れたフロントにかけて、前髪の幅を広げる。縦にハサミを入れてカット。

30　自然な毛流れに逆らわないようにパネルを取り、リフトダウンした状態で、縦にハサミを入れて切り口をぼかす。

31　逆側も同様に前髪の幅を広げる。毛流れに逆らわないようにカットし、ラインが強く出過ぎないようにする。

STEP 8 DRY CUT / 顔周り

32　O/Sと、幅を広げた前髪と隣り合うサイドの重さが目立つようになるため、ヘアラインに対してHLを入れる。

33　2線目。O/Sは長さをキープしたいため、リフトダウンし、HLの切り口でバックのフォルムにつなげる。

34　32、33の下、前髪との境目付近(サイドのU/S)にも重さがたまるので、コームを通してパネルを広げる。

35　ほぼ自然に落ちる位置にパネルを引き出すと、前髪と顔周りとのコーナーが出る(赤丸部)。この角をなじませる。

36　リフトダウンした状態で、正中線をまたぐようにパネルを引き出し、急角度のHLを入れて顔周りの厚みを削る。

37　左サイド側のカット終了。シルエットを崩さず、顔周りの厚みを削ることで、フォルムに奥行きを出す。

CUT FINISH

Aラインシルエットを長めのレングスでつくる場合は、
「肩に当たる毛先」を考慮してカットを組み立てる。
また、肩の前と後ろそれぞれに落ちる髪の量や動きをしっかりイメージしながら切り進めることが大切。

WET CUT FINISH

Aラインシルエットのポイントは、トップの軽さと、毛先の厚みとのバランス。トップを含むO/Sはフラットにしつつ、シルエットの下部に厚みが出るようにプロセスを設計しながら、顔周りからバックに向けて重さを残す。

DRY CUT FINISH

ドライカットでは、顔周りのディテール調整を重視。肌の見え方や、顔周りに落ちる髪と肌がなじみやすいように整える。また、顔周りの毛先をしっかりとフォルムになじませ、なめらかなシルエットに仕上げる。

REVIEW
Aラインシルエット／ダイヤグラムの描き方

続いては、ここまで解説してきたAラインシルエットを構成するスライスの設計、パネルコントロールの詳細を、ダイヤグラムで紹介。その描き方を知ることで、1つひとつの技術とG-Lの構成が、どんな意味を持つのかを学ぶ。

全体のカット構成

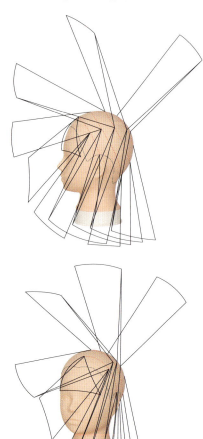

1

バックのレングスを設定。耳上〜顔周りを緩やかな前上がりにカットしておく。

2

前髪の長さを設定。左右に若干長さを残し、緩やかなラウンド状に。

3

顔周り1線目。耳上からヘアラインと平行なスライスで、U/S側からリフトダウンしながら前方にODをかけ、SLの切り口に。

4

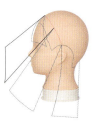
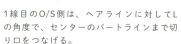

1線目のO/S側は、ヘアラインに対してLの角度で、センターのパートラインまで切り口をつなげる。

5

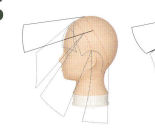

2線目はO/Sからカット。1線目よりリフトアップし、前方にODをかけながら、1線目をガイドにカット。

6

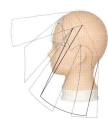

2線目のM/S〜U/Sは、前方にODをかけてリフトダウン。アウトラインの厚みを軽くし過ぎないようにカット。

7

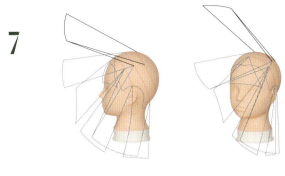

3線目のO/Sも前方にODをかけ、さらにリフトアップ。O/SにLを入れる。

8

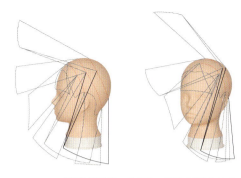

3線目のM/S〜U/Sは、前方にODをかけながらリフトダウン。Gの角度でアウトラインとのコーナーをカット。

9

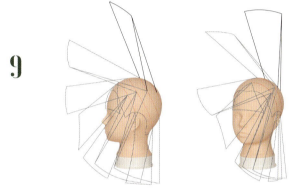

4線目。O/Sのバック側に落ちる部分もリフトアップ。バックのO/SにLを入れる。

10

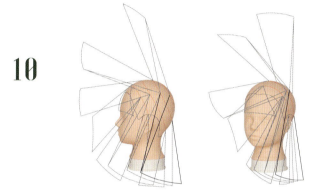

4線目のM/S〜U/SはODを緩め、厚みを削らないよう、アウトラインのコーナーをカット。

11

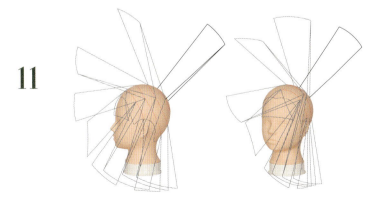

バックのO/Sはリフトアップでパネルを引き出し、Lの切り口でカット。

12

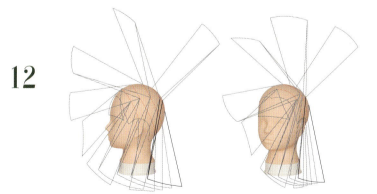

バックセンターは、フォルムのバランスを確認しながらODの強さを調整。アウトラインの厚みを削らないようにカット。

A-LINE

I-LINE

BALLOON

SQUARE

DIAMOND

S-LINE_light

S-LINE_heavy

CHAPTER 2

I-LINE
SILHOUETTE

Iラインシルエット

ミディアム～セミロングで人気のある、
Iラインのシルエット。
縦長でスマートな印象のIラインシルエットは、
軽さを表現するカットの構成や、
顔～首周りのフィット感が重要になる。
ここからは、フラットなフォルムでつくる、
Iラインシルエットのカットテクニックを詳説。

SILHOUETTE 2
I-LINE

Iラインシルエット：イメージ＆デザイン分析

まずは、Iラインシルエットに仕上げた今回のスタイル特有のイメージや、
デザインを設計する上で意識するべき点を解説。テクニックの詳細を学ぶ前に、
フラットで縦長なシルエットのIラインを、どんな人物像に落とし込んでいるのかを理解しよう。

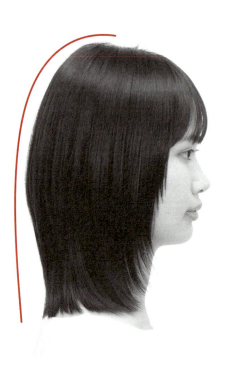

Iラインシルエットで表現しやすい、都会的でカジュアルなムード・人物像をつくりながら、ワンレングスの厚みを残すことで、スタイリッシュな雰囲気を加えている。また、トップ〜M/Sにかけて、動きが出るようにLをプラス。

DESIGN & TECHNIQUE POINT

今回のIラインシルエットのスタイルは、軽さと厚みのメリハリをつくりながら、フォルムをフラットかつ縦長に設計。また顔周りには毛流れを出し、フィット感をアップさせつつ、隙間をつくって軽く、タイトな印象に仕上げている。

(POINT 1)

顔周りはフラットかつタイトなデザインに。効果的にHLを使って、肌へのフィット感を高めつつ、縦長なシルエットを強調。

(POINT 2)

アウトラインに適度な厚みを残すことが、スタイリッシュに仕上げるポイント。また、M/S〜O/SのLの構成で、メリハリを出すのが必須。

(POINT 3)

前髪は軽めにし、フロント〜サイドとなじませる。M/S〜O/SはLで構成。バックのフォルムをフラットにし、軽さを出しつつ洗練された印象に。

CUT TECHNIQUE
Iラインシルエット

頭の骨格にレイヤーを沿わせ
フラットかつ縦長なかたちに

Iラインシルエットのポイントは、
くびれのない、軽さが際立つ縦長のかたち。
フラットなフォルムを、複雑な丸みを持つ
頭の骨格にフィットさせることが重要で、
フォルムやアウトラインの厚みの設計もカギとなる。

MODEL / STYLE

WIG / FINISH

BEFORE

STEP 1
レングス設定・前髪

1　全頭をイヤーツーイヤーで前後に分け、バックのレングスを設定。真下にパネルを引き出し、水平にカット。

2　頭の丸みに合わせ、真下にパネルを引いてアウトラインをつなげる。U/Sからトップまで1パネルで切る。

3　バックのレングス設定が終了。アウトラインは水平にし、毛先に段差が付かないようにカット。

4　フロント側はバックの延長上でカット。生え際から正中線まで1パネルで真下に引き出し、水平なラインに。

5　フェイスラインまでをここまでと同様にカット。全て真下にパネルを引き出してブラントカット。

6　前髪は薄めにセクションを取る。左右の黒目中心程度の幅で、少しリフトアップしてカット。

7　前髪の長さを設定した状態。6で真っすぐにカットし、左右両端に少し長さを残すことで、ラウンド状にする。

STEP 2
フロントのフォルム

耳後ろから縦寄りの斜めスライスを取り（イヤーツーイヤー）、全頭を前後にセクショニング。

顔側へ真っすぐ前にODをかけてパネルを引き、アウトラインの角を削る。ヘアラインに対してSLの角度でカット。

2パネル目も前方にODをかけ、下側の切り口をガイドに、ヘアラインに対してHLの角度でカット。

3パネル目。骨格の丸みに合わせ、リフトダウンしながらODをかけてカット。10と同様、HLで前髪につなげる。

11のフロントビュー。骨格の傾斜の変化に合わせて、正中線を越えるようにODをかけ、HLの切り口に。

骨格の形状が異なる9、10のセクションと同様にパネルを引くと、10のHLになじまなくなるので注意。

左サイド～前髪もアウトラインからカット。9～11と同様、SLで角を取り、HLの切り口とつなげる。

両サイドの顔周り～イヤーツーイヤーまでのアウトラインとフォルムをつくり終えた状態。

O/Sのトップ付近は下のセクション（前髪と顔周りの接合部）よりややリフトダウンしてつなげる。

バックのO/Sも16と同様、顔周りのセクションよりややリフトダウンし、内側（アウトライン）をガイドにカット。

内側よりややリフトダウンし（下げ過ぎないように）、骨格を見ながらODをかけ、顔周りにつなげておく。

左サイド側のトップ～バックのO/Sも16～18と同様にカット。リフトダウン＋ODでつなげる。

フロント側と、バックのO/Sをカットした状態。フロントビューのシルエットはほぼ完成。

STEP 3
バックのインターナル

耳後ろを起点に、前下がりにバックをセクショニング。M/SとO/Sの境目付近で上下に分ける。

M/Sの正中線上からパネルを引き出し、骨格に対してSLの角度でカット。ウエイトの位置とかたちを決める。

正中線上の2パネル目（U/S）。骨格に対してHLを入れつつ、くびれが出ないよう、アウトラインに厚みを残す。

正中線（1線目）のカット終了。この段差をガイドに耳後ろまでカットし、バックのフォルムをつくる。

25 バック2線目。縦寄りの斜めスライスでパネルを取り、正中線側にODをかけ、SLの切り口でつなげる。

26 バック2線目のU/Sは、後方にODをかけつつ、アウトラインの厚みを確保しながらHLの切り口に。

27 バック3線目（セクショニングライン）。後方にODをかけ、M/Sの切り口がLの角度になるようにカット。

28 2パネル目は、アウトラインを削らないようにリフトアップしながらLでカットし、耳後ろに長さと厚みを残す。

29 骨格の形状が変わるため、4線目は縦寄りの斜めスライスになる。21と同じ起点（正中線上）でセクショニング。

30 センター側からカット。リフトアップしつつ正中線側にODをかけ、内側をガイドにつなげる。

31 2パネル目は後方にODをかけながら、30よりリフトダウンしてつなげ、シルエットの厚みを調整。

32 5線目の1パネル目。リフトアップしつつオンベースよりやや後方にODをかけ、フォルムに立体感を出す。

33 2パネル目は32よりややリフトダウンし、後方にODをかけてカット。31と同様に厚みを整える。

34 33よりヘアライン側（赤丸部）は、アウトラインの厚みとして残し、耳周りが薄くならないようにする。

35 6線目は顔周りに落ちる部分。前下がりにセクションを取り、顔側から切った段差とつなげる。

STEP 4
コーナーの確認

36 セクショニングしているラインが前後からカットした段差の接合部。この前後にコーナーを残す。

37 顔周りに落ちる部分（18と35でそれぞれ切り進めた箇所）の角を残し、アウトラインに厚みをつくる。

38 耳周りに落ちる部分（11と35でそれぞれカットした箇所）にもコーナーを残し、フォルムに立体感を出す。

WET CUT FINISH

ベースカット終了の状態。くびれのない、フラットなフォルムで、縦長のシルエットになっている。

DRY CUT START

全体をブロードライした状態。顔周りを中心に、毛先の厚みや表面のニュアンス、肌の見え方を整えていく。

STEP 5
DRY CUT / 前髪

39 前髪のセンターを少しリフトアップし、縦にハサミを入れて軽さを出しながら、慎重に長さを詰める。

40 39の長さをガイドに、毛先が自然に落ちる位置でリフトアップし、眉尻付近までラウンド状につなげる。

41 前髪の右サイド側のカット終了。ウエットカットでは少し長さを残しておき、ドライカットで似合わせる。

STEP 6
DRY CUT / 前髪のなじませ

42 こめかみ付近からスライスを取り、前にODをかけつつリフトダウンし、フロントサイドの段差に前髪をつなげる。

43 ウエットカットでヘアラインに対してHLを入れたセクションに、縦にハサミを入れ、毛先をぼかす。

44 39、40で広げた前髪と、顔〜首周りに落ちるセクションとの境目にコーナーが残っているため、なじませる。

45 肌の見え方を確認しながら、縦に、深めにハサミを入れて44のコーナーをカットし、前髪のラインとなじませる。

STEP 7
DRY CUT / 表面のなじませ

46 前髪の骨格が上り坂になっている部分に縦スライスを取り、パネルを引き出すと、表面のコーナーが出る。

47 46のコーナーをカット。また前髪全体を数スライスに分け、正中線側にODをかけてコーナーをなじませる。

48 ウエットカットでウエイトをつくった、バックのO/Sからオンベースにパネルを引き出し、毛先に軽さを出す。

49 サイドに落ちるセクションは横スライスからパネルを取り、毛先に軽さを出しつつ、コーナーを少しなじませる。

CUT FINISH

Iラインシルエットは、軽くタイトな顔周り〜表面と、厚みのあるアウトラインのバランスがポイント。
そうした重さと軽さのコントラストを細かく操作することで、
シンプルかつフラットなシルエットが完成する。

WET CUT FINISH

Iラインシルエットの特徴は、縦長でフラットなかたち。トレーニングの際は、丸みのある頭の骨格に対し、くびれのないフォルムと、スリムかつフィット感のあるシルエットに仕上がっているかを確認しておこう。

DRY CUT FINISH

ドライカットではフラットなかたちを崩さないよう、顔周りを中心に、ディテールのみ調整。前髪の長さや毛先の厚みを整えつつ、ウエットカットでつくったフォルムになじませ、シルエットの精度を上げる。

REVIEW
Iラインシルエット／ダイヤグラムの描き方

AラインシルエットのP.52-53と同様、最後にダイヤグラムを使ってIラインシルエットのスライス設計とパネル操作をおさらい。Iラインシルエットの提案に必須となる、丸みを抑えるフォルムワークのポイントをピックアップ。

全体のカット構成

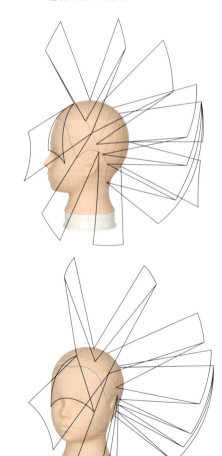

1

バックのレングスを水平ラインにカット。顔周りまで水平につなげておく。

2

薄めのセクションで前髪を設定。左右にやや長さを残してラウンド状に。

3

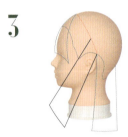 

前方にODをかけ、コーナーをカット。ヘアラインに対してSLの角度で角を取る。

4

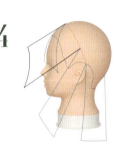 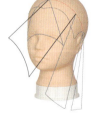

M/S〜O/SはHLの切り口で前髪とつなげる。トップまで同様につなげていく。

5

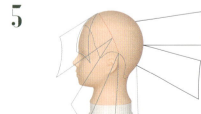

バックセンターにガイドを設定。M/Sは骨格に対してSL、U/SはHLでレングスにつなげる。

6

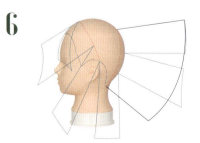 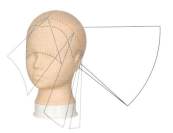

2線目は放射状にスライスを設定。後方にODをかけ、正中線のガイドとつなげる。

7

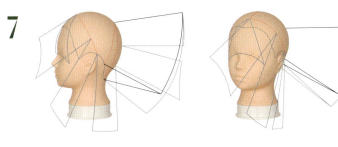

3線目も放射状のスライスで、後方にODをかけてパネルを引き出し、Lの切り口でアウトラインにつなげる。

8

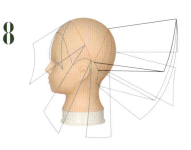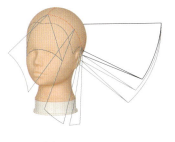

4線目は後方にODをかける。バックセンターからアウトラインにかけて、リフトアップしながらカット。

9

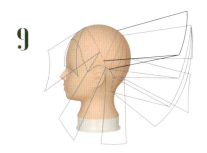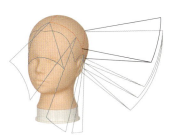

5線目は4線目よりリフトアップ。U/Sに厚みが残るようにカットする。

10

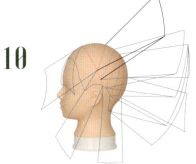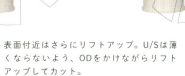

表面付近はさらにリフトアップ。U/Sは薄くならないよう、ODをかけながらリフトアップしてカット。

11

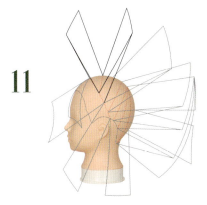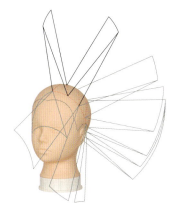

表面はフロントの切り口につなげていく。角を取り過ぎないように。

CHAPTER 3

BALLOON
SILHOUETTE

バルーンシルエット

A-LINE

I-LINE

BALLOON

SQUARE

DIAMOND

S-LINE light

S-LINE heavy

ヘアスタイルにおけるバルーンシルエットとは、
風船のような、丸みを強調したかたちを指す。
特にボブスタイルで人気のシルエットであり、
その要点となるのがウエイト、アウトライン、
表面の軽さの設計だ。
本章では、そのバランス構成について掘り下げる。

SILHOUETTE 3
BALLOON
バルーンシルエット：イメージ＆デザイン分析

バルーンシルエットの要は、丸さ。ここでは丸みを際立たせたバルーンシルエットのデザイン効果や、
それを形成するテクニックの要所をピックアップ。
まずは、今回紹介したバルーンシルエットのスタイルが持つイメージや、デザイン構成のポイントを掘り下げる。

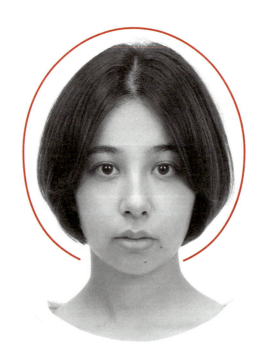
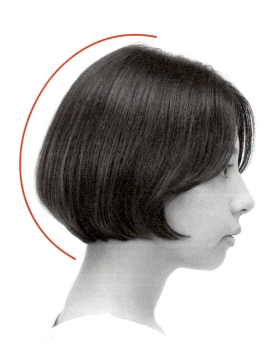

このスタイルでは、ガーリー、キュートといった、かわいらしいムードを表現。シルエット全体に丸みをつくりつつ、アウトラインに角を残し、適度な軽さをプラス。また動きを出しやすくし、デザインのポイントにしている。

DESIGN & TECHNIQUE POINT

バルーンシルエットのスタイルは、丸みのあるウエイトのかたちがポイント。バックのボリューム感と、タイトな裾周りとのコントラストで、丸みが強調されるシルエットに仕上げている。こうしたフォルムづくりでは、奥行きや表面の軽さづくりも重要。

(POINT 1)

サイドのアウトラインを前上がりに設定することで、フォルムに奥行きを出しながら、シルエットに丸みをプラス。キュートな印象に。

(POINT 2)

顔周りのアウトラインにコーナーを残し、丸く、重さを残したシルエットに軽さを加えながら、デザインに抜け感をプラス。

(POINT 3)

バックにしっかりとボリュームを出し、ウエイトを低めに設定することで、奥行きやメリハリとともに、フォルムの丸さを形成。

CUT TECHNIQUE
バルーンシルエット

丸みのあるウエイトと
タイトなアウトラインとのバランス

バルーンシルエットは、その名の通り
「丸み」を重視したデザイン。
ウエイト周りも曲線的なシルエットで構成し、
アウトラインの厚みや角度となじませながら、
キュートで優しい印象のシルエットに。

MODEL / STYLE

WIG / FINISH

BEFORE

STEP 1　レングス設定

1　耳後ろから垂直なスライスでイヤーツーイヤーを取り、バックからレングス設定。あご下に向け、前上がりに。

2　コームで押さえながら、U/Sのセンターからカット。バックは水平ラインに切り進める。

3　M/SはU/Sの切り口をガイドにカット。コームで押さえ、センター、左右の順に、水平ラインにカット。

4　バックのO/Sも2、3と同様にカット。髪の重なりが増えるので、段差が付かないようにレングスを設定する。

5　フロント側は、前上がりにスライスを取り、バックとのコーナーを削りながら、前上がりにカット。

6　サイドのM/S〜O/Sは、5をガイドにカット。乾くと根元が浮くため、耳後ろでテンションをかけ過ぎないように。

7　O/Sの表面も6と同様にカット。後ろから見て、前上がりになるよう、アウトラインを設定する。

STEP 2
バックのインターナル

続いてバックのインターナルをカット。まずは、ガイドをつくるバックセンターにスライスを設定。

M/Sからリフトダウンでパネルを取り、骨格に対してGの角度でカット。ウエイトの形状が丸くなるように。

U/Sはさらにリフトダウンし、重めのGでアウトラインにつなげ、しっかりと厚みを残す。

インターナルのガイドとなるバックセンター（1線目）を切り終えた状態。ワンレングスの厚みは残す。

2線目は1線目と同じ起点から放射状に、縦寄りの斜めスライスでカット。少し後方にODをかけてつなげる。

2線目の2パネル目。アウトラインの厚みを削らないよう、リフトダウンでレングスとつなげる。

3線目。12と同様、放射状のスライスからカットするパネルを引き出す。耳周り（赤丸部分）は厚みとして残す。

3線目の1パネル目。横寄りの斜めスライスでリフトダウン。ODを緩め、耳後ろにつなげる。

3線目の2パネル目。1パネル目よりリフトダウンし、重めのGでつなげ、U/Sに厚みを残す。

3線目の3パネル目。さらにリフトダウンしてカット。アウトラインを削らないようにしてつなげる。

4線目はヘアラインが急激に上がるセクションなので、ワンレングスの厚み（赤丸部）を削らないように。

1パネル目はしっかりと後方にODをかけ、リフトダウンしてカット。生え際に向けて厚みを残す。

4線目の2パネル目。1パネル目よりもさらにリフトダウン。重めのGでカットし、裾の厚みをキープ。

4線目の3パネル目。徐々にリフトダウンしてアウトラインとつなげる。ワンレングスの厚みは残す。

STEP 3
バック〜サイドのフォルム

目指すウエイトラインと平行にスライスを設定（前下がり）。1パネル目はODをかけずにリフトアップ。

2パネル目。徐々にリフトダウンし、後方にODをかけて（1パネル前の位置を目安に）カットする。

3パネル目。ほぼリフトダウンのみで毛先の厚みを残す。前のパネルの端を合わせて取り、角を残さないように。

顔周りの最終パネルもリフトダウンのみでカット。ワンレングスの厚みを残しつつ、前下がりのウエイトラインに。

2線目。正中線の1パネル目はリフトアップ（パネル右端は後方にODがかかる）で内側につなげる。

2パネル目。26のパネル右端を合わせて取り、後方にODをかけ、徐々にリフトダウンしてカット。

1スライス前と同様、徐々にODを緩めてリフトダウンでカットし、アウトラインの厚みをキープ。

最終パネル（顔周り）はリフトダウンのみで、ワンレングスの厚みを残し、前下がりの段差を閉じる。

バック〜サイドの2線目終了。O/Sの幅は「スクエア（P.78〜）」より狭めに設定し、シルエットの土台をつくる。

STEP 4
顔周りからの切り返し

1線目は生え際と平行にスライスを設定。少し前にODをかけ、ヘアラインに対してSLに。

1線目の2パネル目。前方にODをかけ、リフトダウンでアウトラインのコーナーにつなげ、厚みを調整。

1線目の3パネル目。31、32でつなげたカットラインと、アウトラインの切り口をなじませる。

1線目のカット終了。1パネルカットするごとに、毛流れを付けて肌の見え方を確認し、慎重に切り進める。

写真のスライス下がアウトラインとなるセクション。顔周りとなじませるが、アウトラインの厚みは残す。

2線目はラウンド状にスライスを設定。1パネル目は前方にODをかけ、リフトダウンで35の厚みを少し削る。

2線目の2パネル目。ODを少し緩めてリフトダウン。耳周りに厚みを残しつつ、バックのインターナルにつなげる。

2線目の3パネル目。さらにODを緩めてリフトダウン。アウトラインの厚みを残してバックと丸くつなげる。

3線目は36より横寄りのスライスに。1パネル目は前にODをかけてリフトアップし、表面に適度な軽さをつくる。

3線目の2パネル目。1パネル目よりODを緩め、少しリフトダウンしてカット。耳周りに厚みを残す。

3線目の3パネル目。徐々にリフトダウンしつつ、ODを緩めてバックのインターナルと丸くつなげる。

3線目の4パネル目。さらにリフトダウンしてODを緩め、バックのインターナルにつなげる。

4線目の1パネル目は、前方にODをかけてリフトアップ。サイドのシルエットに軽さと丸みを出す。

4線目の2パネル目。少しリフトダウンしつつ、前方にODをかけ、耳周りのシルエットに厚みをつくる。

4線目の3パネル目。ODを緩め（ほぼかけない）、さらにリフトダウンし、前下がりのウエイトラインにつなげる。

5線目（最終）の1パネル目。バックセンター側がオンベースになるよう、やや前方にODをかけてカット。

5線目の2パネル目。ODを緩めてリフトダウンし、バックのウエイトに丸くつなげるイメージでカット。

3パネル目はさらにリフトダウン。ウエイトを削らないように、バックのインターナルと丸くつなげる。

右半頭をカットし終えた状態。丸くつなげるイメージで切り進め、丸みのあるフォルム＆シルエットに。

WET CUT FINISH

ベースカット終了の状態。なだらかな丸みのあるシルエットで、バックのウエイトも丸みを帯びた形状になっている。

DRY CUT START

全体をブロードライした状態。シルエットはきれいな丸みが出ているが、ドライカットでフィット感を高めていく。

STEP 5
DRY CUT / 顔周り〜アウトライン

顔周りのエクスターナルの毛先をカット。毛流れを付けたパネルに、縦にハサミを入れ、肌になじませる。

2パネル目。アウトラインのもみ上げ付近に縦にハサミを入れ、量感を調整。厚みにむらが出ないように。

3パネル目。ウエイト付近の内側の毛先を崩し、厚みを調整しながらシルエットにやわらかさを出す。

表面のサイドに落ちる髪にも縦にハサミを入れる。アウトライン付近に軽さをプラス。

STEP 6
DRY CUT / アウトライン・表面

バックのアウトラインからウエットカット時と同様にパネルを取り、毛先に縦にハサミを入れて軽さを出す。

M/S〜O/Sの毛先も54と同様にカット。アウトラインに軽さをつくり、首になじませやすく。

O/Sの表面になる部分からパネルを引き出し、毛先を崩してシルエットに軽さを出す。

前後それぞれからカットしたフォルムのコーナーをなじませつつ、切り口をやわらかくする。

CUT FINISH

丸みが特徴となるバルーンシルエットでは、丸くつなげた切り口を重ねていくこと、
またフォルムの厚みの操作が重要。
ウエイトのかたちやアウトラインの厚み、表面の軽さなどを、なめらかにつなげる技術が求められる。

WET CUT FINISH

ウエットカットでシルエットをほぼ完成させることが大切。前上がりのアウトラインに前下がりのウエイトラインを組み合わせ、シルエットに丸みと奥行きをプラス。また、アウトラインを薄くし過ぎないこともポイント。

DRY CUT FINISH

ドライカットでは、ウエットカットでつくったかたちのフィット感を高めることや、軽さの調整に注力。乾いたことで表れる毛流れや厚み、ラインに軽さを加え、シルエットにやわらかさをプラスする。

REVIEW
バルーンシルエット／ダイヤグラムの描き方

バルーンシルエットは、丸みのある切り口を、リフティングとODを使って積み重ねていく技術が重要。ここでは、そうしたカットの構成を復習。ダイヤグラムを描き、丸さをつくるテクニックをイメージできるようになろう。

全体のカット構成

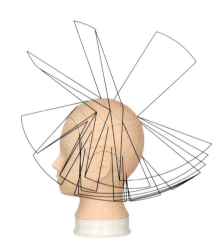

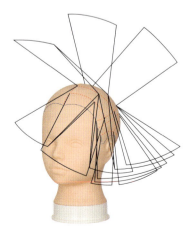

1

アウトラインを設定。若干前上がりに、ワンレングスでO/Sまでカットしておく。

2

バックセンターにガイドを設定。M/Sはリフトダウンで丸さを出し、U/Sには厚みを残す。

3
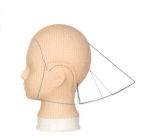
2線目は放射状にスライスを取り、後方にODをかけ、バックセンターをガイドにカット。

4
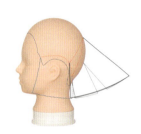
3線目も放射状のスライスに。後方にODをかけてM/Sからつなげ、裾周りに厚みを残す。

5
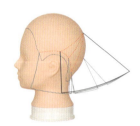
4線目。耳周りはしっかりとリフトダウンし、アウトラインが薄くならないように切り進める。

6
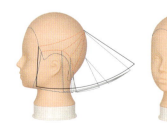
5線目で顔周りまでスライスを取る。バックセンターはリフトアップ、サイドはリフトダウン。

7
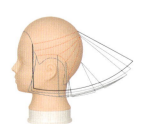
6線目も若干前下がりにスライスを取り、ウエイトラインを前下がりに。6と同様にカット。

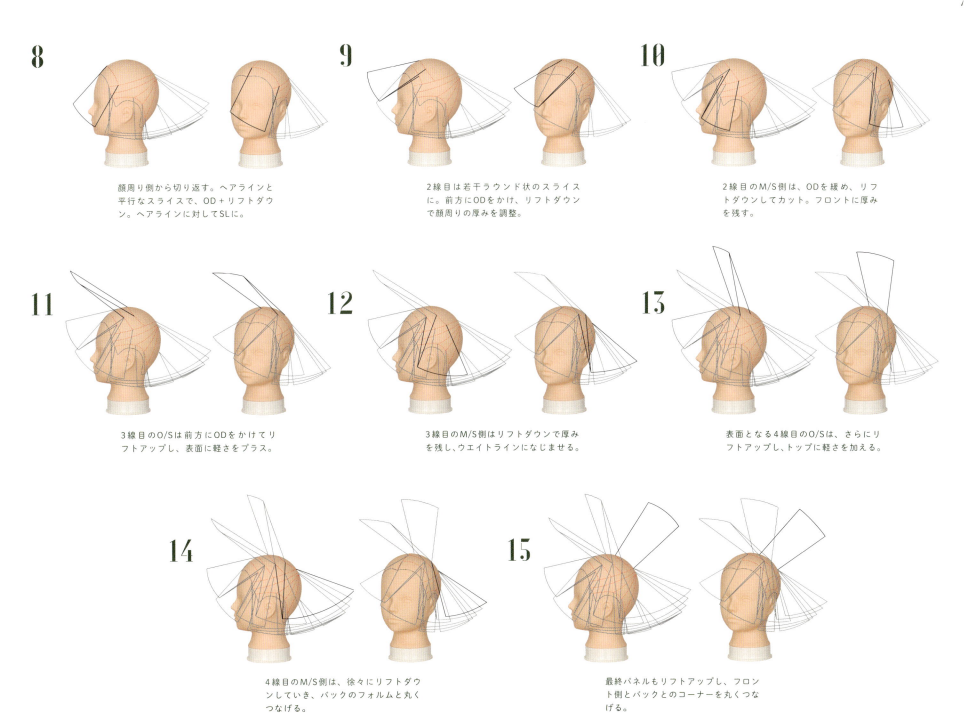

CHAPTER 4

SQUARE
SILHOUETTE

スクエアシルエット

A-LINE

I-LINE

BALLOON

SQUARE

DIAMOND

S-LINE_light

S-LINE_heavy

スクエアなシルエットとは、丸みを抑え、
四角形に寄せたかたちを指す。
ここからは、球体に近い丸みを持つ頭の骨格に対し、
ボリュームや厚みにメリハリを付ける技術、
フラットな箇所と、厚みのある部分を組み合わせる
カットの設計方法を解説する。

SILHOUETTE 4
SQUARE

スクエアシルエット：イメージ＆デザイン分析

スクエアシルエットの特徴は、丸さを抑えたかたち。つまり、丸みのある頭の骨格に対し、
重さと軽さを組み合わせるカット構成が重要になる。ここでは、そうしたスクエアシルエットの要点をピックアップ。
P.32-33で紹介したスタイルにおける、デザインとテクニックの要所を解説する。

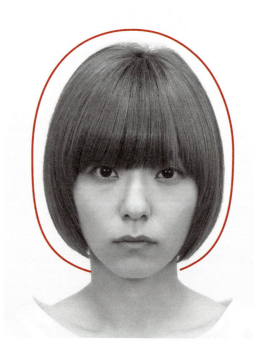

クール系のムードをつくりやすいのが、スクエアシルエットの特徴。今回のスタイルは、モデルの涼やかな雰囲気を踏まえ、軽さの出る顔周りのLと、重めの前髪を組み合わせ、メリハリを付けてスタイリッシュな印象に。

DESIGN & TECHNIQUE POINT

シルエットの丸みを抑えるとはいえ、フォルムやシルエットを四角形に近づければいいわけではない。厚みを削る箇所と残す部分のつくり分けを明確にし、表面の毛流れや束感、顔周りのフィット感と、厚みを設計することが重要になる。

(POINT 1)

アウトラインを水平に設定することで、丸みを抑えたスクエアなシルエットを強調。クールかつスタイリッシュな人物像に。

(POINT 2)

アウトラインに厚みをしっかり残すことで、スクエアなシルエットを引き立たせながら、M/S〜O/SのLで軽さを出し、メリハリをつくる。

(POINT 3)

顔周りはHLで軽さを出し、フラットに。また、重めの前髪をフォルムになじませつつ、隙間をつくって肌を見せ、抜け感を加える。

CUT TECHNIQUE
スクエアシルエット

丸みを抑えるポイントは
ウエイトの形状と裾の厚み

スクエアなシルエットづくりのカギは、
頭の丸みをどう抑え、頭と顔にヘアをフィットさせるか。
そこで重要なのが、アウトラインの厚みと、
ウエイトのかたちの設計。
この2つの組み立て方に注目してみよう。

MODEL / STYLE

WIG / FINISH

BEFORE

STEP 1
レングス設定

1. 耳後ろと頭頂部を結ぶイヤーツーイヤーを取り、バックのレングスを設定。あご下で水平なラインをイメージ。

2. U/Sのレングスをカット。コームを通し、自然に落ちる位置で、頭の丸みに合わせてカット。

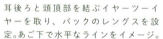

3. 2の左右も毛流れを整えてから、コームで押さえてカット。頭の丸みに合わせて回り込み、水平なラインに。

4. U/Sのレングス設定終了。この切り口をガイドにし、バック全体のレングスをカットする。

5. 2線目（耳後ろ下）もコームで押さえてカット。テンションがかからないようにし、U/Sをガイドにして切る。

6. 2線目までレングスを整えた状態。極力テンションをかけず、自然に落ちる位置でワンレングスにカット。

7. ハチ付近の3線目で額の角までセクショニング。ここもバックのレングスをガイドにして切り進める。

8　バックは2線目の切り口をガイドに、コームで押さえてカット。このとき、押さえ付け過ぎないように注意。

9　イヤーツーイヤー付近から顔側は、若干前下がりに切り進める。髪を真下にとかし下ろした状態でカット。

10　O/Sの表面も8、9と同様に、ワンレングスにカット。段が付かないよう、髪が自然に落ちる位置で切り進める。

11　顔周りの生え際は、コームで真下に下ろすのが難しいため、指で挟んで切る。テンションをかけ過ぎないように。

12　レングス設定終了。11でテンションをかけ過ぎると根元が浮き、乾かすと短くなりやすいので注意。

STEP 2　前髪

13　前髪は頭頂部の手前からセクションを取る。自然な毛流れに沿って下ろし、目にかかる長さでセンターからカット。

14　13の右はややラウンドさせて切り口をつなげる。セクションは黒目の上ぐらいの幅に設定してカット。

15　逆側も14と同様にカットし、ラウンド状のラインに。パネルを引く際はテンションをかけ過ぎないように。

16　前髪のラインを設定した状態。髪の落ちる位置に合わせてパネルを引き出し、緩やかなラウンド状に。

STEP 3　バック〜サイドのフォルム

17　バックセンターからカット。M/S上部からオンベースにパネルを引き出し、下の長さをガイドに、SLの切り口に。

18　バックセンターの2パネル目。U/Sはリフトダウンで厚みを残しながら、アウトラインのコーナーをカット。

19　1線目（バックセンター）のカット終了。この切り口をガイドにし、耳後ろに向けて切り進める。

20　2線目。17と同じ起点で三つ襟までスライスを取り、1線目をガイドに、M/Sは後方にODをかけてカット。

21　2線目の2パネル目。U/Sはリフトダウンで、18と同様、Gの角度でアウトラインのコーナーをカット。

22　3線目。17、20と同じ起点から耳後ろまでにスライスを取ってつなげる。M/Sは後方にODをかけてカット。

23　3線目の2パネル目もリフトダウンし、ODをかけながら、Gでアウトラインの角をカット。裾周りに厚みを残す。

4線目。1線前のパネルをガイドに、M/Sはやや後方にODをかけ、正中線側にパネルを引き出してカット。

4線目の2パネル目。1線前と内側をガイドに、後方にODをかけつつリフトダウンし、裾に厚みを残す。

4線目の3パネル目。ODを緩めて25よりリフトダウン。アウトラインを削らないようにコーナーをカット。

インターナルを切り終えた状態。生え際に向かってリフトダウンしたことにより、裾周りに厚みを残している。

5線目で顔周りまでセクションを取る。正中線上の起点を少し上げ、横寄りの前下がりスライスに。

バックセンターはリフトアップ。1線前のパネルをガイドに、後方にODをかけながらカット。

2パネル目はODを少し緩め、リフトダウンしながら、1パネル目と内側の切り口をガイドにカット。

3パネル目はさらにODを緩めてリフトダウン。前下がりのウエイトラインをつくっていく。

4パネル目は31をガイドにカット。さらにODを緩めてリフトダウンし、アウトラインにつなげていく。

5線目は5パネル目が最終。顔周りの角（ワンレングス）を残し、しっかりとリフトダウンして厚みを残す。

STEP 4
顔周りからの切り返し

O/Sのフロント側に、ヘアラインと平行（縦寄りの斜め）にセクションを設定。写真の赤丸部分を切り進める。

34のセクションの髪は前方にODをかけ、ヘアラインに対してL状にカット。前髪とアウトラインをつなげる。

35のカットを正面から見た状態。33で残したアウトラインの角を削らないよう、ODをかけてLの切り口に。

フォルムを形成する内側（生え際）の厚みは切らずに残し、アウトラインに角が残るようにする。

35、36で入れたLと、アウトラインの角をリフトダウンでなじませる。角を削らないように注意。

2線目。縦寄りの斜めスライスで、1線目よりリフトアップし、1線目の切り口をガイドにしてカット。

2線目の2パネル目。39よりリフトダウンし、バックから切ったインターナルのウエイトラインとつなげる。

3線目はほぼ縦スライスでカット。前方にODをかけ、2線目をガイドに、リフトアップしてL状にカット。

3線目の2パネル目。前方にODをかけつつ41よりリフトダウン。バックから切ったウエイトラインにつなげる。

43
4線目。バックサイドに落ちるつむじ周りに縦スライスを取り、やや前方にODをかけながら、L状にカット。

44
4線目の2パネル目。43よりリフトダウンしてカット。バックでつくったフォルムにつなげる。

45
5線目(最終)は正中線に縦寄りの斜めスライスを取り、やや前方にODをかけ、コーナーをカット。

46
5線目の2パネル目。45よりリフトダウンし、バックでつくったウエイトになじませる。逆側も35〜46と同様に。

WET CUT FINISH

全頭のウエットカットが終了した状態。ベースカットで耳周りや正中線上に厚みをつくり、奥行きのあるシルエットに。

DRY CUT START

全頭をブロードライした状態。乾かした状態で、髪の落ちる位置を見ながら、顔周りのディテールを調整していく。

STEP 5
DRY CUT / 顔周り

47
前髪をややリフトアップ。毛先を崩すように縦にハサミを入れ、軽さをつくりながら長さを調整。

48
流したい方向と逆側にパネルを引き出し、毛先をカット。軽さと毛流れをつくり、フィット感を高める。

49
髪が自然に落ちる位置を見て、前髪の幅を調整。ここでは目尻付近まで前髪の幅を広げる。

50
49に合わせてセクションを決め、48の切り口をガイドに、カットラインをソフトにしながらフィット感を出す。

51
ODをかけないよう、髪が自然に落ちる位置で毛束を取り、前髪〜サイドのアウトラインをつなげる。

52
フロント〜トップから前方にパネルを取り、ヘアラインに対してHLの切り口で、前髪とフォルムをなじませる。

53
52でなじませた部分と、サイドのフォルムをつなげる。シルエットの厚みを見て、裾周りとなじませる。

54
頭頂部付近〜バックから52と同様にパネルを引き出し、顔周りとバックのフォルムをなじませる。

55
O/Sは骨格が上り坂で、重さが残りやすいため、リフトアップして前後のコーナーを出し、なじませる。

CUT FINISH

最後にウエットとドライ、各カットの終了段階を比較。
スクエアシルエットの要点は、丸みを抑えたウエイトの形状や、アウトラインの厚みと、表面の軽さとのバランス。
ドライカットでは顔周りのフィット感を調整し、シルエットを際立たせながら立体感を出している。

WET CUT FINISH

ウエットカットでは、サイドは比較的フラットに、バックはウエイトを強調し過ぎず、自然なカーブを描くようなシルエットに仕上げている。また、アウトラインには厚みを残し、ライン感を強調。

DRY CUT FINISH

ドライカットで主に整えたのは、顔周りのディテール。前髪の幅を少し広げ、毛先に透け感や束感を出し、肌の見え方を調整。またシルエットが崩れないよう、ハサミを入れた顔周りの髪を、フロントのフォルムになじませている。

REVIEW
スクエアシルエット／ダイヤグラムの描き方

ここではウイッグで解説したカットの構成を、ダイヤグラムでチェック。スクエアシルエットに求められるスライスや、セクションの設計、またパネル操作や切り口の重なりなどを改めてイメージし、実際に描いてみよう。

全体のカット構成

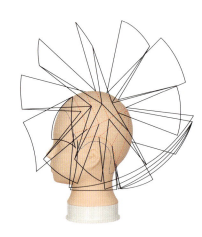

1

レングスを設定。あご下の高さで水平ラインにカット。O/Sの表面まで、ワンレングスにカットしておく。

2

前髪のセクションは狭めに。髪の落ちる位置を見ながら、ラウンド状にラインを設定。

3

バックセンターにガイドを設定。U/Sはリフトダウンし、アウトラインにしっかりとした厚みを残す。

4

2線目。放射状のスライスからパネルを引き出し、ガイドに合わせ、後方にODをかけてカット。

5

3線目。放射状のスライスで、2線目と同様にカット。アウトラインの厚みは残す。

6

4線目。M/Sは後方へODをかけ、耳周りはODを緩めてリフトダウンし、アウトラインに厚みを残す。

7

5線目で顔周りまでスライスを取る。バックはリフトアップ＋ODで、顔側に向けて徐々にリフトダウン。

8

顔側から切り返す。ヘアラインと平行なスライスで、前方にODをかけ、ヘアラインに対してLの切り口に。

9
2線目は縦寄りの斜めスライスに。O/Sは前方にODをかけてリフトアップ。

10
2線目のM/S側はリフトダウンで厚みを残し、バックとつなげる。

11
3線目のO/Sはさらにリフトアップし、段を入れて軽さを出す。

12
3線目のM/S側は、前にODをかけてリフトダウンし、バックとなじませる。

13
4線目のO/Sもリフトアップで表面に軽さを出しつつ、バックとなじませる。

14
4線目のM/S側はリフトダウン。ODを緩めて厚みを残し、バックとつなげる。

15
バックのO/Sにあたるセクションもリフトアップ。軽さを出してつなげる。

16
バックに髪が落ちる部分のO/Sの内側は、リフトダウンでバックのフォルムにつなげる。

17
バックのウエイトと、顔周りから切り返してカットした段をつなげる。

CHAPTER 5

DIAMOND
SILHOUETTE

ひし形シルエット

A-LINE

I-LINE

BALLOON

SQUARE

DIAMOND

S-LINE_light

S-LINE_heavy

時代や年代を問わず、
サロンワークで高い支持を集めるデザインが、
ひし形シルエットのショート。
メリハリの効いたフォルムや、タイトな裾周りで
組み立てるひし形シルエットのスタイルには、
より正確なカットが求められる。
ここでは、その精度を上げるために
必要な技術を紹介する。

SILHOUETTE 5
DIAMOND

ひし形シルエット：イメージ＆デザイン分析

ショートレングスで提案しやすいひし形シルエットの要点は、メリハリのあるかたち。
ウエイトのボリューム感と高さ、そしてタイトな裾周りのバランスが重要になる。
カットの詳細を学ぶ前に、そうしたデザイン設計のポイントを押さえておこう。

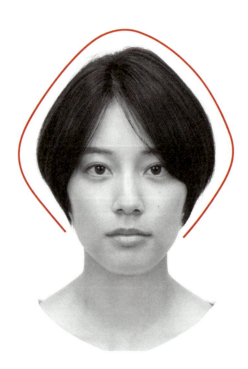
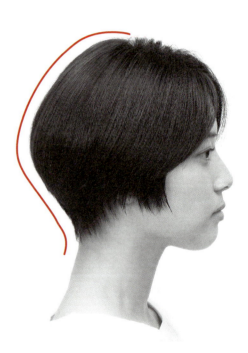

ナチュラルなムードをつくりやすいのが、ひし形シルエットの特徴。モデルのハンサムな雰囲気を生かしつつ、Lで軽さを出した顔周りに、重めの前髪を合わせてメリハリを付け、大人っぽいカジュアル感をプラス。

DESIGN & TECHNIQUE POINT

ここで紹介するひし形シルエットは、ショート。つまりアウトラインにヘアラインの形状が表れるスタイルになる。これを踏まえ、裾周りの厚みをコントロールしながら、重さと軽さをバランスよく組み合わせるアプローチがポイント。

(POINT 1)

バックのウエイトを、レングス全体のほぼ中間に設定することで、シルエットに適度な軽さが感じられるようなバランスに。

(POINT 2)

前髪やトップを長めにし、やわらかい毛流れをつくりやすくしているため、自然体で女性らしい、気取らない人物像を表現可能に。

(POINT 3)

タイトにおさめる襟足〜サイドのアウトラインは、やや長さを残しておくことで、顔〜首へのフィット感が増し、軽さも出しやすくなる。

CUT TECHNIQUE
ひし形シルエット

フォルムのウエイト感と裾周りの軽さを両立

ひし形シルエットは、かたちのメリハリと、
裾周りのフィット感が大切。
また今回はショートスタイルでのひし形シルエットのため、
ヘアラインの形状が影響する
アウトラインの設計も重要になる。

MODEL / STYLE

WIG / FINISH

BEFORE

STEP 1
バックのインターナル

1　目指すウエイトラインに合わせ、バックのM/Sから耳後ろにかけてセクションを取る。

2　バックセンターに縦スライスでセクションを取る。この1線目でバックのフォルムのガイドをつくる。

3　2のセクションのM/Sからカット。リフトダウンで引き出し、目指すウエイトの位置に合わせてGの切り口に。

4　1パネル目をカットし終えた状態。ここでバックのフォルムのウエイト位置を確認しておく。

5　2パネル目（U/S）。リフトダウンでパネルを引き出し、Gの切り口でカット。M/Sの切り口とつなげる。

6　3パネル目（U/Sの生え際）は持ち上げてカット（骨格に対してSLの切り口になる）。レングスも決める。

7　1線目（バックセンター）のカット終了。このウエイトをガイドにバックを切り進め、フォルムをつくる。

8 2線目以降もスライスの起点は変えずにカット。2線目は縦寄りの斜めスライスで、Gの切り口でつなげる。

9 2パネル目はオンベースで、Gの切り口をつなげる。ヘアライン側は6と同様に切り進め、少し軽さを出す。

10 3線目（斜めスライス）はヘアラインが上がる部分なので、やや後方にODをかけつつGの切り口に。

11 2パネル目をオンベースとで切ると、アウトラインがえぐれてしまうため、後方にODをかけてカット。

12 4線目は斜めスライスでカット。1パネル目は正中線側にODをかけ、リフトダウンしてGの切り口に。

13 2パネル目は自然に落ちる位置に対して後方にODをかけ、Gの角度でカット。耳周りに長さを残す。

14 4線目のヘアライン際も13と同様にカット。アウトラインがえぐれて前上がりにならないように注意。

15 5線目までがバックのウエイトをつくる部分。1パネル目は正中線側にODをかけてGの切り口に。

16 2、3パネル目は13と同様、自然に落ちる位置に対して後方にODをかけてカットし、耳側に長さを残す。

17 バックのフォルムとアウトラインを切り終えた状態。ウエイトラインを若干前下がりにしている。

STEP 2
サイドのアウトライン

18 耳周り〜顔周りに横スライスでセクションを取る。まずはこのスライスでアウトラインをつくる。

19 耳後ろの長さをガイドに、毛先が自然に落ちる位置にパネルを引いて、やや前上がりにカット。

20 19の延長で顔周りまでカット。生え際付近は頭の丸みが変わるので、顔側に長さが残り過ぎないように注意。

21 サイドのアウトラインを切り終えた状態。この前上がりのラインが次の工程でガイドとなる。

STEP 3
バック〜サイドのフォルム

22 バックの正中線から顔周りまで、横寄りの斜めスライスを取る。1パネル目はリフトアップの状態でカット。

23 2パネル目は後方にODをかけ、22よりややリフトダウン。内側の長さをガイドにし、バックサイドにつなげる。

24 3パネル目は23よりリフトダウンし、ODも緩めてカット。徐々にリフトダウンしながら切り進める。

25 1線目の最終パネルはほぼODをかけず、さらにリフトダウンしてカットし、アウトラインに厚みを残す。

O/Sの2線目。22よりスライスを横寄りにしてカット。丸みが欲しいため、1パネル目はリフトアップ。

2パネル目。26のバックセンターよりややリフトダウンし、後方にODをかけてつなげる。

2線目の4パネル目。2パネル目から徐々にリフトダウンしていき、ODを緩めながら切り進める。

2線目の最終パネルは、1つ前のパネルよりリフトダウン。ODはほぼかけずにカット。

2線目のカット終了。バックから徐々にリフトダウンしていき(ODを緩めて)、ウエイトラインを前下がりに。

STEP 4
顔周りからの切り返し

生え際と平行なスライスで、やや前方にODをかけてリフトダウン。ヘアラインに対してLの切り口に。

31ではアウトライン自体(パネル内側のセクション)を切らないよう、顔周りの角を削る。

1線目の2パネル目。31よりODを緩めてリフトダウンし、アウトラインを削らないようにカット。

2線目。ラウンド状にスライスを取る。内側をガイドにし、前方にODをかけ、リフトダウンしてカット。

2線目の2パネル目。34よりODを緩めてリフトダウン。アウトラインを削らないよう、内側をガイドにカット。

3パネル目もリフトダウン。徐々に後方へODをかけてカットし、ウエイトラインにつなげていく。

4パネル目。36の延長で、後方にODをかけてリフトダウン。耳後ろの厚みを削り、フォルムに立体感を出す。

3線目もラウンド状にスライスを設定。ここからリフトアップし、フォルムに軽さを出す。前方へのODは緩めに。

2パネル目。1パネル目よりややリフトダウンしつつ、ODを後方寄りにしてカット。

3パネル目。39よりさらにリフトダウンしつつ、やや後方にODをかけてカットし、ウエイトラインにつなげる。

4パネル目は38よりさらにリフトアップし、骨格に対してSLに。前方へのODは38より緩め、表面に軽さを出す。

3線目と同様、徐々にODを緩めながら、リフトダウンの状態で切り進め、バックのフォルムにつなげる。

5線目が最終スライス。41(4線目)よりリフトアップし(ほぼオンベース)、SLの切り口でつなげる。

4線目までと同様、2パネル目以降は徐々にリフトダウンし、ウエイトに合わせて後方寄りにODをかける。

| WET CUT FINISH |  | DRY CUT START |  |

ベースカット終了の状態。タイトな裾周りと前下がりのウエイトラインで、すでにひし形のかたちになっている。

全体をブロードライした状態。顔周りのフィット感を高める他、フォルムの厚みを調整し、メリハリ感を高める。

STEP 5
DRY CUT / 前髪

45 バングセンターからパネルを取り、軽さを出すため、バングゾーンの角をなじませつつ、長さを短くする。

46 左右の黒目幅に落ちるセクションは、縦寄りの斜めスライスで、正中線にODをかけてつなげる。

47 顔周りの毛束を自然に落ちる位置で取り、縦にハサミを入れ、45、46で切った前髪をラインになじませる。

48 前髪を自然に落ちる位置に引き出し、縦にハサミを入れ、毛先を整えつつ、顔周りに軽さを出してなじませる。

STEP 6
DRY CUT / シルエット

49 重さがたまる、顔周りとサイドの接合部に軽さを出す。31と同様のスライスで、後方にODをかけてカット。

50 49と同一線上の最も下は、横にパネルを引き出し、縦にハサミを入れてアウトラインをソフトに仕上げる。

51 バックとフロントの境目付近に前上がりのスライスを取り、ディスコネクトでLを入れ、耳後ろの角を取る。

52 表面から51と同方向にパネルを取り、縦にハサミを入れ、ディスコネクトした51のLをなじませる。

STEP 7
DRY CUT / アウトライン・フォルム

53 バックの正中線に縦スライスを取り、生え際の毛先を崩して隙間をつくりながら、長さを少し詰める。

54 バックのU/S上部〜M/Sの毛先も53と同様に毛先をカットし、インターナルの切り口をソフトに仕上げる。

55 ウエットカットと同様、正中線は縦、2線目以降は縦寄りの斜めスライスで53、54と同様にカット。

56 続けて耳後ろまで縦寄りの斜めスライスで移行。毛先に隙間をつくって崩し、ウエイトラインをソフトにする。

CUT FINISH

他のスタイルと同様、ウエットカットでシルエットを完成させることが大前提。
ただし、特にショートの場合は、ウエットでつくるかたちに対し、
ドライカットで施す重さと軽さの微調整で、シルエットの完成度を高めることが重要。

WET CUT FINISH

ヘアラインのかたちがアウトラインに表れるショートでは、裾周りのフィット感がデザインの質を大きく左右する。ウエットカットでは、立体的なひし形シルエットをつくりながら、裾周りをやや長めにしておくとよい。

DRY CUT FINISH

ドライカットでは、アウトライン全体の長さや軽さ、質感などを調整。また、ひし形のかたちを崩さないようにカットし、フォルムの厚みを抑えながら、シルエットにメリハリを付けることがポイント。

REVIEW
ひし形シルエット／ダイヤグラムの描き方

ひし形シルエットの精度に影響するのが、ウエイトの形状とタイトな裾周り。そうしたメリハリのあるかたちをつくるスライス設計・パネル操作・カット工程の詳細を、ダイヤグラムを使って振り返る。

全体のカット構成

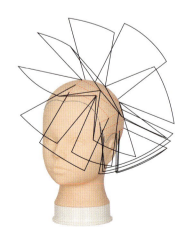

1
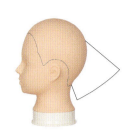

正中線からカット。M/SからU/Sに向け、G～SLでレングスを決める。

2
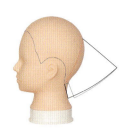

2線目。放射状のスライスで、正中線の切り口にオンベースでつなげる。

3

3、4線目はヘアラインが上がるので、後方にODをかけてリフトダウン。

4

5線目（イヤーツーイヤー）は、後方へのODとリフトダウンで長さを残す。

5
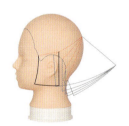

サイドのアウトラインを設定。若干前上がりにカット。

6
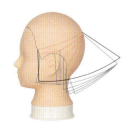

バック～サイドに斜めスライスを取る。バック側から徐々にODを緩めつつリフトダウン。

7
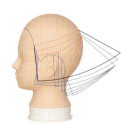

6の上は、バックセンターを少しリフトアップ。顔周りに向け、ODを緩めながらリフトダウン。

8

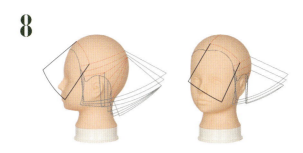

ヘアラインと平行なスライスで切り返す。前方にODをかけてリフトダウン。U/Sに向けてODを緩める。

9

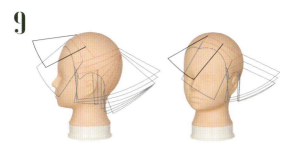

2線目はスライスをややラウンド状に。O/Sのパネルは前方にODをかけ、ややリフトアップ。

10

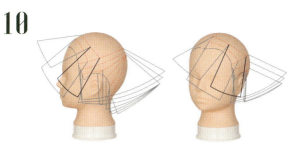

2線目のM/S側は、徐々にODを緩めてリフトダウン。アウトラインを削らないように。

11

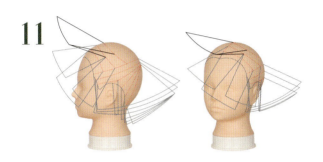

3線目もラウンド状にスライスを設定。O/Sはリフトアップし、前方に少しODをかける。

12

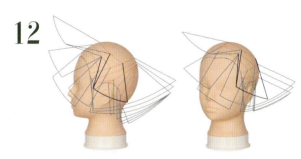

3線目のM/S側は、ODを後方寄りにし、ウエイトラインにつなげる。

13

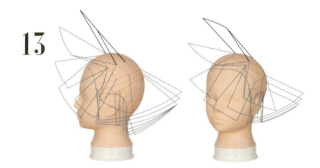

4線目のO/Sはさらにリフトアップ。ODは3線目より緩め、骨格に対してSLの切り口に。

14

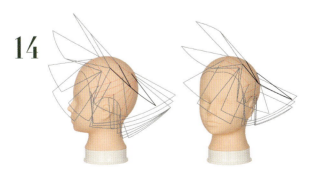

4線目もM/Sに向け、徐々にODを緩めながらリフトダウンし、ウエイトラインにつなげる。

15

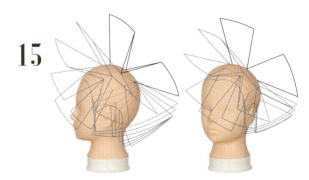

5線目もO/Sはリフトアップ。M/S側はリフトダウンし、バックのフォルムにつなげていく。

16

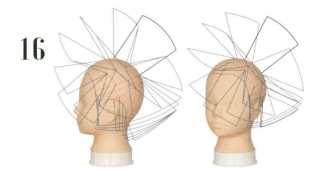

表面のコーナーをカット。前からカットした切り口を、バックのウエイトにつなげる。

CHAPTER 6

S-LINE_light
SILHOUETTE

軽めのSラインシルエット

ここからは、軽さの際立つミディアムレングスで、
ウエイトのあるフォルムを表現するデザインに多い、
軽めのSラインシルエットを解説。
シルエットをS字状にくびれさせるカットの構成と、
そこに軽さをプラスするテクニックを掘り下げる。

SILHOUETTE 6
S-LINE_light
軽めのSラインシルエット：イメージ&デザイン分析

ミディアムレングスで、軽さを感じさせつつフォルム感があり、やわらかさを表現できるのが、軽めのSラインシルエット。
ここまでと同様、カットの詳細を解説する前に、P.36-37で紹介したスタイルのイメージと、
デザイン&技術の要所をピックアップする。

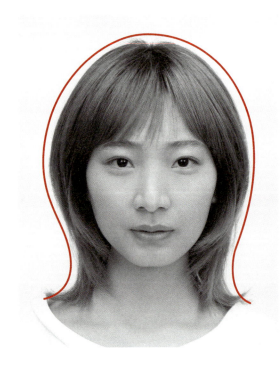
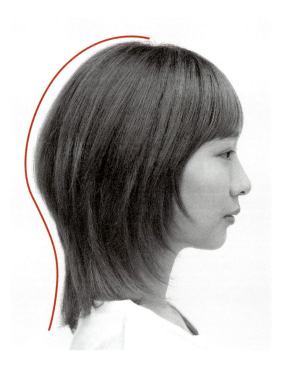

軽めのSラインは、ソフトでフェミニンなイメージをつくりやすいシルエット。このスタイルでは、モデルのやわらかい雰囲気に合わせ、顔周り〜前髪に軽さを出してソフトな印象をつくりながら、カジュアルなテイストも加えている。

DESIGN & TECHNIQUE POINT

ここで紹介するスタイルは、フォルムのくびれがデザインの大きなポイント。また、くびれをつくるためのウエイト設計と、フォルム感をキープしたまま全体に軽さを表現し、ソフトな印象に仕上げるカットの構成が大切になる。

(POINT 1)

裾周りはLで構成。毛先に動きを出しやすくし、アウトラインを軽い印象に仕上げている。

(POINT 2)

顔周りにソフトな丸さをつくるため、M/SはSLで構成。一方バックはGを軸に組み立て、フォルムに丸みを出し、くびれをつくっている。

(POINT 3)

ウエイトの丸さを強調。また、シルエットに軽さを出しつつ、メリハリをつくるため、バックと顔周りのウエイトを同じ高さに設定。

CUT TECHNIQUE
軽めのSラインシルエット

重軽のコントラストと
軽やかなくびれで描くかたち

Sラインをかたちづくるのは、フォルムのくびれ。
つまりウエイトの形状やフォルム感が重要になるが、
重さを感じさせないように厚みを調整し、
軽さとボリュームのメリハリをつくることがポイント。

MODEL / STYLE

WIG / FINISH

BEFORE

STEP 1
レングス設定

1　耳後ろ～頭頂部で前後に分け、バックのレングスから設定。センターは真下に下ろして水平ラインに。

2　耳後ろまでしっかりとリフトダウンし、真下にパネルを引いてアウトラインをカット。段を付けないように。

3　耳後ろ～三つ襟付近の髪をやや前方に引き出し、コーナーをカット。リフトアップせず、段が付かないように。

4　3の延長上で顔周りまで切り進める。パネルを真下に引いてレングスを設定。逆サイドも同様にカット。

STEP 2
前髪

前髪をリフトダウンし、長さを設定。毛先の落ちる位置を見て、目の中心ぐらいの高さに長さを決める。

サイドにつなげやすいよう、ややラウンド状にカット。セクションはきっちり決めず、髪の落ちる位置でカット。

STEP 3
フロントのフォルム

耳後ろからやや前上がりにセクショニング。このフロント側で、正面から見たシルエットをつくる。

M/Sのパネルをヘアラインに対してSLでカット。正面から見たシルエットのウエイトをつくる。

M/Sのパネルで、顔周りのウエイトをつくる。この切り口(SL)で、正面から見たシルエットの丸みを設定。

9と同じスライス線上のO/Sは、パネルをリフトアップし、顔周りに軽さを出す。

8と同じスライス線上のU/Sにできるアウトラインとのコーナーは、ヘアラインに対してSLを入れて削る。

11と9の切り口は、ヘアラインに対してLの角度でつなげる。8、10と同様、前方にODをかけてカット。

7のバック側は前方にODをかけ、8〜12と同じ位置に引き出してカット。長さが届く分までつなげる。

13の工程を正面から見た状態。M/S、O/S、U/S各セクションとも、8〜11の1線目と同じ位置でカット。

左サイド側も8〜14と同様に切り進め、フロントビューのシルエットをカットし終えた状態。

STEP 4
バックのインターナル

バックのM/Sで最も高い点から耳上に向け、前下がりにスライスを取り、(バックの)イヤーツーイヤーを設定。

バックセンターに縦スライスを取り、G〜SLでカット。頭の丸みの影響で、スライス上部はG、下部はSLになる。

U/SはHLの角度でM/Sとレングスをつなげる。アウトラインの厚みを取り過ぎないようにし、ガイドを設定。

1線目のカット終了。1線目の切り口をガイドに、裾に厚みを残しながら、フロントに向かって切り進める。

2線目。1線目と同じ起点から斜めにスライスを取り、M/Sは後方にODをかけ、G〜SLの切り口でつなげる。

2線目の2パネル目。U/Sも後方にODをかけ、リフトアップし、Lの角度でM/SからU/Sをつなげる。

U/SはLの角度でつなげるが、アウトラインを形成する生え際(ワンレングス)の厚みは残す。

3線目。1線目と同じ起点から耳上に向けてスライスを取り、後方にODをかけてG〜SLでつなげる。

2パネル目のU/Sも2線目と同様にODをかけてリフトアップし、Lの角度でつなげる。生え際の厚みは残す。

2、3線目とも、1パネル目は1線目と同じ位置でつなげ、M/S〜U/SはODをかけ、リフトアップし、厚みを残す。

STEP 5
バック〜サイドのフォルム

M/S〜O/Sのバックセンターは25よりリフトアップし、内側をガイドにして切り口をつなげる。

26のサイドビュー。骨格の傾斜が下と変わるため、リフトアップしないとウエイトが強く出るので注意。

2パネル目。後方にODをかけつつ、しっかりとリフトアップしてカットし、27の切り口とつなげる。

フェイスラインまで28と同様にカット。アウトラインの厚みを削らないようにリフトアップ。

28、29で実際にLを入れているのは写真のセクション。アウトライン側は厚みとして残している。

O/Sの2線目。1パネル目のバックセンターは、下のセクション(26、27)と同様にリフトアップ。

2線目の2パネル目は重さを残すため、頭の丸みに合わせて内側より若干リフトダウンし、Gの角度でカット。

3パネル目も頭の丸みを見ながらカット。サイドのM/Sよりリフトダウンし、Gの角度で重さを残す。

STEP 6
O/Sの表面

バックに落ちる髪の表面は、SLの角度で適度な重さと軽さを残してカット。角は取り過ぎないようにする。

フロント側のO/Sは、Gの切り口でカット。エクスターナルにつなげ、適度な軽さを出す。

フォルムがフラットにならないよう、フロントとバックのコーナーは取り過ぎないようにし、耳周りに厚みをつくる。

WET CUT FINISH

全頭のウエットカットが終了した状態。この段階で、軽さやくびれの位置はほぼ完成している。

DRY CUT START

全頭をブロードライした状態。乾いた状態で毛先の落ちる位置を見て、顔周りの細部を調整する。

STEP 7
DRY CUT / 前髪

前髪の幅を広げる。髪が自然に落ちる位置でパネルを取り、ヘアラインに対して軽めのGでカット。

毛先の落ちる位置を見ながら、少しずつ前髪を広げる。肌にフィットしやすいよう、毛先を崩しながらカット。

前髪のセンター付近も毛先に隙間をつくり、厚みと透け感を調整。やわらかい質感に。

37〜39に重なるO/Sから毛束を取り、深めのチョップカットで顔周りのLを表面になじませる。

毛先の落ちる位置を見て、前髪の幅をさらに調整。ヘアラインに対してGの角度で、こめかみ付近までカット。

O/Sの髪を前方に引き出し、41の切り口とつなげる。トップからバックまで、届く部分を同じ位置でカット。

右サイド側の前髪〜表面のディテールを整えた状態。顔周りのフィット感が上がり、奥行きが出ている。

前髪の左サイド側も、毛先の落ちる位置を見ながら幅を広げる。ヘアラインに対して軽めのGでカット。

右サイド側の前髪と同様、O/Sの髪を前方に引き出し、同じ位置に集めて前髪とつなげ、表面をなめらかに。

CUT FINISH

軽めのSラインシルエットは、段差と厚みのコントロールでつくる、フォルムのくびれがポイント。
ウエイトを感じさせながら、軽さのある裾周りとバランスを取り、
全体のシルエットが重くなり過ぎないように仕上げる。

WET CUT FINISH

顔周りのディテール以外は、ウエットカットで完成。頭の丸みを生かしたカット構成で、やわらかさを感じさせるウエイトを設計。また、厚みを控えめにしたフォルムと、裾周りの軽さとのバランスを意識して仕上げる。

DRY CUT FINISH

前髪を中心とした顔周りのディテールは、ウエットカットでつくり込み過ぎないようにし、乾いた状態での毛流れや、毛先の落ち方を確認しながらデザイン。シルエットとフォルムのフィット感を高める。

REVIEW
軽めのSラインシルエット／ダイヤグラムの描き方

最後に、前ページまでで紹介した軽めのSラインシルエットのテクニックを、ダイヤグラムで確認。このシルエットに必要となる、切り口の重なりと、それをかなえるスライス＆パネルワークをおさらいしよう。

全体のカット構成

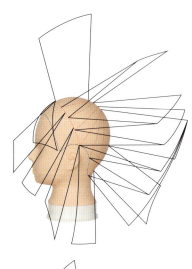

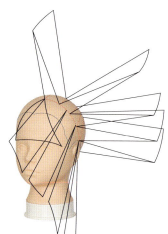

1

バックのレングスを水平ラインに設定。顔周りまでカットしておく。

2

薄めのセクションで前髪をつくる。ややラウンド状のラインに。

3

顔周りのM/Sは前方にODをかけ、ヘアラインに対してSLの切り口に。

4

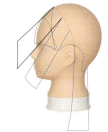 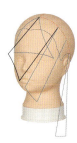

O/Sも前方にODをかけ、HLの角度でM/SのSLと前髪をつなげる。

5

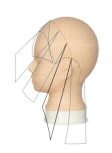

顔周りと耳後ろのアウトラインをLでつなげる。コーナーはSLで厚みを調整。

6

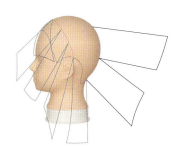

正中線にガイドを設定。M/SはG〜SL、U/SはHLでアウトラインにつなげる。

7

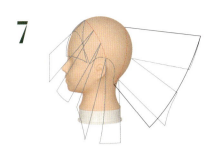

2線目は放射状にスライスを設定。後方にODをかけ、アウトラインにつなげる。

8

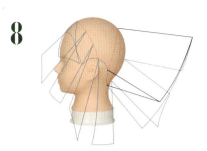

3線目は後方へのODを強めにかけてカットし、耳後ろ付近に厚みを残す。

9

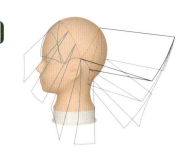

4線目も後方にODをかけてカットし、アウトラインに厚みを残す(薄くならないように)。

10

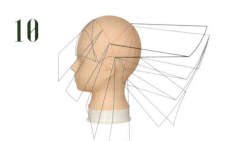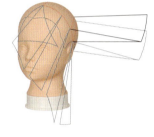

O/S側は斜めスライスで、M/Sより少しリフトアップし、フォルムに軽さを出す。

11

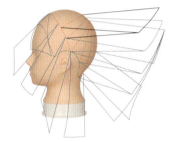

O/S側の2線目は、骨格に対してGの角度に引き出して切る。

12

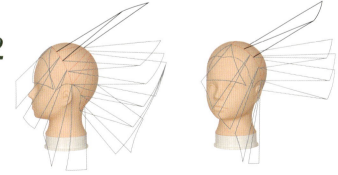

3線目はスライスをさらに横寄りにしてリフトアップ。表面に軽さを出す。

13

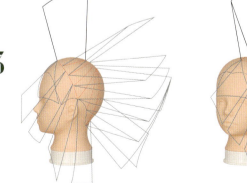

O/Sにコーナーを残しながらカット。角を削り過ぎないようにし、耳周りに厚みを出す。

CHAPTER 7

S-LINE_heavy
SILHOUETTE

重めのSラインシルエット

A-LINE

I-LINE

BALLOON

SQUARE

DIAMOND

S-LINE_light

S-LINE_heavy

最後に紹介するのは、ミディアムレングスと、
厚みのあるフォルムを両立させた、
重めのSラインシルエット。
アウトラインのレングスと、ウエイトのかたち、
重さとのバランスが重要になるデザインの設計や、
カットテクニックのポイントを解説する。

SILHOUETTE 7
S-LINE_heavy

重めのSラインシルエット：イメージ＆デザイン分析

ここで紹介するのは、ミディアムレングスと、メリハリのあるフォルムを両立させた、
重めのSラインシルエット。アウトラインのレングスとウエイトのかたちをはじめ、
重さと軽さのバランスを重視したデザインの詳細や、テクニックのポイントを解説する。

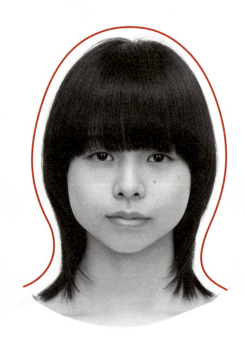
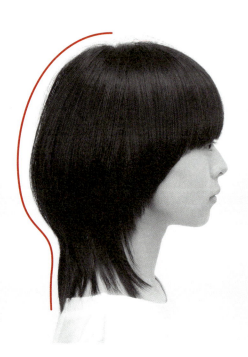

シルエットの特徴（P.25）に加え、顔周りのラインでモード感や中性的な印象を強調。また、やや求心的な顔立ちで、キュート感の強いモデルに合わせ、顔周りのマッシュラインや裾周りにやわらかさを出し、カジュアルさもプラス。

DESIGN & TECHNIQUE POINT

このシルエットのデザイン的な特徴は、メリハリのあるかたちで厚みのあるウエイトと、フォルムに比べて薄めに仕上げた裾周り。また、重さと軽さのコントラストが強く、S字状のくびれが明確な点も、このスタイルのポイント。

(POINT 1)

前髪～サイドは前上がりのラインでフォルムの丸さを強調。ライン際は厚めに、トップにかけて長さを残し、ボリューム感をプラス。

(POINT 2)

バックのウエイトは、顔周りのウエイトより低く設定。前上がりのウエイトラインを形成し、フォルムの重さと丸さを際立たせている。

(POINT 3)

バックのU/SはHLの切り口で軽め、薄めに設定。重め、厚めに仕上げたフォルムのウエイトとメリハリを付けている。

CUT TECHNIQUE
重めのSラインシルエット

厚みを出したかたちの要所は
レングスとウエイトのバランス

重めのSラインシルエットは、ウエイトの形状と、
レングスとの調和が重要になる。
フォルムの印象に影響するウエイトの高さはもちろん、
そのかたちや、レングスに対して
どんなバランスでつくるかが大切。

MODEL / STYLE

WIG / FINISH

BEFORE

STEP 1
レングス設定

1

全頭をイヤーツーイヤーで前後に分け、バックのレングスを設定。センターから真下にパネルを取り、水平にカット。

2

バックサイドも真下にパネルを引き出してカット。センターの切り口に合わせ、スクエア状につなげる。

3

頭の丸みが変わる耳側も2と同様にカット。センターの切り口をガイドに、スクエア状につなげる。

4

逆側のバックサイド〜耳後ろ付近のセクションも2、3と同様にカットし、バックのアウトラインを決める。

5

スクエアにつなげた耳後ろ付近の髪をやや前方に引き出し、アウトラインの角をカット。前下がりの角度を緩める。

6

顔周りまでレングスをカット(後の工程でカットする部分)。顔側から切り返す際、スムーズにカットするため。

STEP 2
顔周り

7 頭頂部のやや前、骨格が下り始める部分から三つ襟までを、斜めスライスでセクショニングする。

8 バングのセンターからカット。サイドとつなげやすいよう、セクションは狭めに設定してパネルを取る。

9 仕上がりの毛流れを合わせ、やや左サイド寄りに引き出し、目にかかる長さでカット（ヘアラインに対してG）。

10 前髪の長さを決めた状態。やや左サイド寄りに引いてカットしたことで、毛流れを付けやすくしている。

11 顔周りの1パネル目。やや前方にODをかけ、ヘアラインに対してGの切り口で前髪とつなげる。

12 1パネル目のカット終了。前髪の幅を一気に広げると、肌の見える面積を広くし過ぎてしまいやすいので注意。

13 2パネル目でご骨付近まで前髪を広げる。肌の見え方を確認しながらラインを設定する。

14 2パネル目の切り上がり。やや前方にODをかけ、やわらかさを出す（真下に引くとラインが重くなり過ぎる）。

15 14のフロントビュー。カットした右サイドにウエイトができ、フロントのシルエットがほぼでき上がっている。

STEP 3
フロントのフォルム

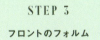

16 耳周りから前方にODをかけてパネルを引き出し、顔周りとバックのアウトラインの角をカット。

17 16のパネルをOD＋リフトアップ。HLで顔周りにつなげる。耳後ろよりバック側のアウトラインは残す。

18 右サイド〜バックのアウトラインと段をつなげ、エクスターナルを仕上げた状態。

19 左サイド側も前髪の幅を広げた後、顔周り〜バックのアウトラインをつなげ、顔周りのシルエットを仕上げる。

20 7で分けた頭頂部付近のセクションをカット。前方にODをかけてリフトダウンし、顔周りにつなげる。

21 2線目。耳上付近からスライスを取り、20と同様にODをかけ、リフトダウンでアウトラインにつなげる。

22 バックトップ付近もアウトラインをガイドにカット。前方にODをかけ、リフトダウンでつなげる。

23 続けて耳周り〜顔周りに落ちるセクションも22と同様にカット。裾に厚みを残して表面までつなげる。

24 リフトダウンしつつ、しっかりと前方にODをかけ、長さが届くところまでカットする。

STEP 4
バックのインターナル

25 耳後ろ〜M/Sの上端にスライスを取り、正中線にガイドをつくる。骨格に対してGでウエイトを設定。

26 1パネル目のカット終了。リフトダウンでカットし、低めでメリハリのある形状のウエイトをつくる。

27 2パネル目。U/Sはリフトアップし、アウトラインのレングスとつなげる（HLの切り口に）。

28 1線目（バックセンター）のカット終了。このウエイトバランスをガイドにして、バックのフォルムをつくる。

29 2線目。放射状に縦寄りの斜めスライスを取り、後方にODをかけ、リフトダウンでつなげる。

30 2線目の2パネル目。後方にODをかけ、リフトアップし、アウトラインとHLの切り口でつなげる。

31 スライスを徐々に横寄りにして、4線目でセクショニングしたラインをカット。OD＋リフトダウン。

32 4線目の2パネル目は、ヘアラインが最も上がる部分。後方にODをかけ、リフトアップし、裾に厚みを残す。

33 バックのインターナルを切り終えた状態。正中線をガイドに、やや前下がりのウエイトラインをつくる。

STEP 5
顔周りからの切り返し

34 トップ〜バックをラウンド状に分け、フォルムに丸みをつくる。O/Sはリフトダウンで顔周りにつなげる。

35 2パネル目は前方にODをかけ、リフトダウンで顔周りとつなげる。アウトラインを削らないように。

36 3パネル目も35と同様、前方にODをかけてリフトダウン。アウトラインに厚みを残しながらつなげる。

37 2線目は1線目よりスライスをラウンド状に。前方にODをかけ、内側よりリフトアップし、丸みと軽さを出す。

38 2パネル目。37よりややリフトダウン。37よりODを緩め、1つ前のパネルをガイドにカットする。

39 3パネル目。38よりODを緩める。耳周りのアウトラインを削らないよう、38よりリフトアップ。

40 4パネル目。耳周りの厚みを削らないよう、さらにODを緩め、バックのフォルムにつなげる。

41 2線目と同様に3線目をカット後、4線目に移行。1パネル目は前にODをかけ、一気にリフトアップ。

42
4線目の2パネル目。41よりODを緩めてややリフトダウン。フォルムの丸みをキープする。

43
バックに向け、徐々にODを緩めてリフトダウン。バックから切ったフォルムにつなげつつ、厚みを残す。

44
5線目(最終)。バックサイドに落ちる1パネル目はリフトアップし、やや前方にODをかけてカット。

45
バック中央に落ちるパネルはODを緩め、44よりリフトダウン。ウエイトを削らないようにつなげる。

46
逆側も34〜45と同様にカット後、バックセンターで左右からつなげた切り口のコーナーをなじませる。

WET CUT FINISH

ベースカット終了の状態。バックのウエイトを低めにし、やや前上がりのウエイトラインをつくってシルエットを形成。

DRY CUT START

全体をブロードライした状態。ここから各所の厚みをピンポイントで調整。肌の見え方やかたちのメリハリ感を整える。

STEP 6
DRY CUT / 前髪〜顔周り

47
前髪の毛先にハサミを入れ、ラインを崩す。毛先に隙間をつくりながら長さを少し詰め、顔の見える面積を増やす。

48
前髪とサイドの接合部の毛先を、自然に落ちる位置に引いて崩す。ラインの設定は変えず、ソフトな質感に。

49
ウエットカット時、HLで前髪とつなげた顔周りのラインを崩す。ここも自然に落ちる位置でカット。

50
耳周りに落ちる毛先にも縦にハサミを入れて崩す。ウエットカットでつくったラインにやわらかさを加える。

STEP 7
DRY CUT / 表面

51
サイド〜前髪の表面に落ちる部分は、重さが残りやすいため、ヘアラインに対してHLで厚みを取る。

52
2線目。バック〜バックサイド表面に落ちる部分も、リフトダウンでHLの切り口をつなげる(届く部分まで)。

53
バックのアウトライン(ワンレングス)をぼかす。毛先を崩して隙間をつくり、やわらかさをプラス。

54
右サイド側のドライカット終了。カットしていない左サイドと比べ、顔周りのフィット感が増している。

CUT FINISH

重めのSラインシルエットは、ウエットカットでLを入れ過ぎないことが大切。
特に顔周りやアウトラインは、ウエット時に明確なフォルムをつくり、
ドライカットでフィットさせるカットの組み立てが必要となる。

WET CUT FINISH

シルエットの形状を始め、ウエイトバランスや重さと軽さのメリハリなどは、全て仕上がっている状態。あとは全頭をドライし、髪を仕上がりに近い状態にして、顔周りやアウトラインの隙間、表面の厚みなどを整えていく。

DRY CUT FINISH

髪は乾かすと長さが少し短くなるケースが多いため、特に顔周りはドライカットで最終的な長さを設定。またドライ後に顔周り〜裾周りの厚みやアウトラインに隙間をつくり、肌にフィットさせることが重要。

REVIEW
重めのSラインシルエット／ダイヤグラムの描き方

重めのSラインシルエットでは、アウトラインの長さと厚み、そしてフォルムのウエイトラインの設計が重要になる。それらのバランスを構成するスライスとセクション、そして切り口の構成を、ダイヤグラムで再現。

全体のカット構成

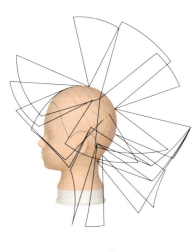

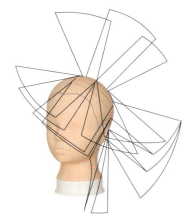

1

レングスを設定。バックのアウトラインを水平に決め、顔周りまでカット。

2
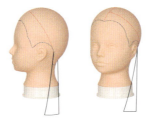

前髪〜顔周りは、ヘアラインに対してGの角度でカットし、やや ラウンド状に。

3

耳後ろ付近はOD＋リフトアップ。HLでバックのアウトラインにつなげる。

4
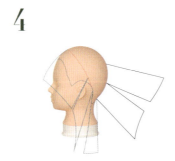

バックセンターにガイドを設定。M/SはG、U/SはHLでレングスにつなげる。

5
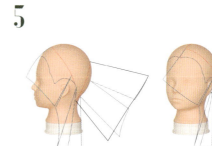

2線目。放射状にスライスを取り、後方にOD＋リフトアップでカット。

6
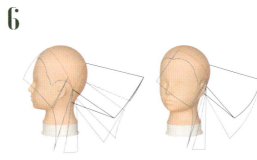

3線目もスライスは放射状に。耳後ろが薄くならないよう、後方にODをかける。

7
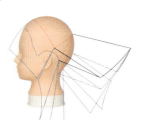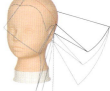

4線目も後方にODをかけて、アウトラインが薄くならないようにする。

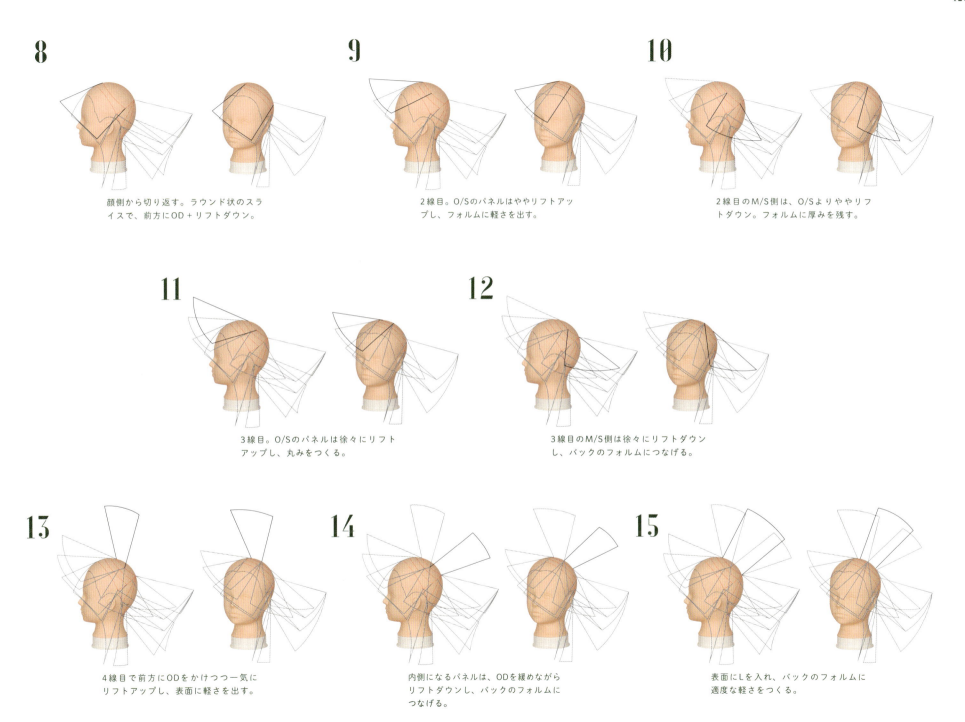

8 顔側から切り返す。ラウンド状のスライスで、前方にOD＋リフトダウン。

9 2線目。O/Sのパネルはややリフトアップし、フォルムに軽さを出す。

10 2線目のM/S側は、O/Sよりややリフトダウン。フォルムに厚みを残す。

11 3線目。O/Sのパネルは徐々にリフトアップし、丸みをつくる。

12 3線目のM/S側は徐々にリフトダウンし、バックのフォルムにつなげる。

13 4線目で前方にODをかけつつ一気にリフトアップし、表面に軽さを出す。

14 内側になるパネルは、ODを緩めながらリフトダウンし、バックのフォルムにつなげる。

15 表面にLを入れ、バックのフォルムに適度な軽さをつくる。

TRAINING METHOD OF CUT

カットのトレーニング方法

本書の最後に、デザインの質を高めるために有効な、カットのトレーニングの流れと、各工程の詳細を紹介する。やみくもにウイッグをカットするのではなく、仕上がりのイメージを頭の中に描き、1パネルの意味を考え、結果を振り返る。その積み重ねが、ヘアスタイルのシルエット表現はもちろん、スタイル全体のデザイン性向上につながっていく。

トレーニングの流れ

STEP 1
デッサンを描く

まずはカットしたいスタイルをデッサン。シルエットのデザインからディテールまで、スタイルの全体像を細かく描き、ゴールとなるイメージを明確にする。目指すスタイルの写真がある場合は、それを見ながら描き進める。

STEP 2
ダイヤグラムを描く

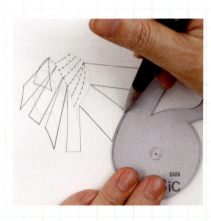

続いてカットのプロセスを設計。デッサンしたシルエットの形状やディテールのデザインを確認し、それをつくるために必要なプロセスを組み立てる。レングスやアウトラインの設定、またGとLの組み合わせなどを明確にする。

STEP 3
カットしたスタイルを分析

ダイヤグラムに基づいてウイッグをカット、スタイリングし、スマートフォンなどで撮影。シルエットやフォルムのバランス、ディテールの表情など、イメージしたデザインと違う部分を探し、改善すべき点をピックアップする。

STEP 1 デッサンを描く

まずはデッサンの方法について解説。
今回は、ゴールを「軽めのSラインシルエット」の
スタイルに設定。このスタイルの特徴を見極めてデッサンし、
デザインのイメージをより具体的にしていく。

着目すべき点

デッサンを描くにあたって、スタイル上の注目すべき点
を紹介。下記の内容（下・右の写真上①〜⑧）をしっか
り観察・イメージしながら描き進めること。

DESIGN SAMPLE ／ 軽めのSラインシルエット

①レングス：あご先からアウトラインまでの距離。
②フォルムの厚み：ウエイトのかたちとシルエットの厚み。
③シルエットのかたち（上）：O/S〜M/Sの髪の重なりと、
　ウエイトの位置。
④シルエットのかたち（下）：裾周りの厚み。
⑤アウトライン：ラインの形状と毛先のニュアンス。
⑥前髪：長さと幅、奥行き、毛流れ。
⑦顔周り：長さ、厚みと毛流れ、肌の見え方、
　髪が落ちる位置。
⑧表面：全体の表面を形成する毛流れや質感、髪の動き方。

1 レングスの長さを決める。あご先からアウトラ
インまでの距離の目安を付ける。

2 ウエイトの位置に十字線を引く。縦線の上端は
トップの高さ、左右はシルエットの厚み。

3 トップから左右のウエイトまで、O/S〜M/S
で構成するシルエットを描く。

4 ウエイトからアウトラインまで、M/S〜U/S
で構成するシルエットを描く。

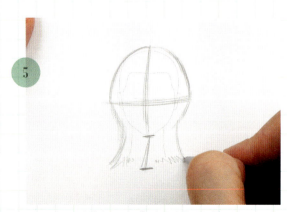

5 アウトラインを描く。サンプルをよく見て、毛
先の厚みや重さ、軽さなどを反映。

6 シルエットの大枠を書き終えたら、2で描き込
んだ十字線を消す。

7

前髪は薄く下書きしてから仕上げる。幅、ライン、毛流れや隙間を意識して描き込む。

8

顔周り〜サイドは、髪の落ちる位置や、肌の見え方を意識してデッサン。

9

前髪〜顔周りの完成。顔〜首周りの肌の見え方に注意して描き進める。

10

表面の毛流れを描き込む。前髪は薄く、パートがあることを意識しながら毛流れを描く。

11

表面〜前髪の毛流れを描く。軽さのあるスタイルなので、表面を塗りつぶさないように。

12

ヘアの輪郭線上にも軽さを出す。シルエット際の隙間や浮遊感などのディテールを描き込む。

13

ウエイトより下のシルエットには軽さを出す。毛先の動きやハネ感をイメージして。

14

全体の毛流れを描き込む。デザインをイメージしやすいよう、軽さや動き、毛流れを描く。

DESSIN FINISH

STEP 2 ダイヤグラムを描く

デッサンを仕上げたら、そのスタイルを表現できるカットの構成を考え、ダイヤグラムを作成。シルエットのバランスや、表面のニュアンスなど、自身で描いたデッサンをもとに、カットのプロセスを組み立てていく。

着目すべき点

ダイヤグラムを描く前に、目指すデザインの写真とともに、デッサンしたスタイルを分析。シルエットのかたちやニュアンス、顔周りのディテールなどをチェック。

DESSIN／軽めのSラインシルエット

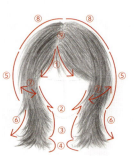

①前髪：セクションは薄め。軽さと自然な毛流れが出ている。
②顔周り：肌にかかっているが、厚みはなく、
　毛先の動きが目立つ。
③顔〜首周り：あご下付近には適度な厚み、丸みがある。
④裾周り：アウトラインとやわらかくなじみ、動きが出ている。
⑤シルエットのかたち（中）：ウエイトの形状には
　自然な丸みがあり、適度な軽さがある。
⑥シルエットのかたち（下）：くびれが際立っている。
　また軽さや毛先のハネ感が特徴的。
⑦ウエイトライン：ほぼ水平な印象。
　前後が自然につながっている。
⑧シルエットのかたち（上）：O/Sは自然な丸みで、
　適度な軽さがある。
⑨トップ〜フロント：前髪とO/Sは自然につながっている。

1
シャープペンシルと雲形定規を使用。イヤーツーイヤーのスライスを曲線（点線）で描く。

2
1と同じ起点で、バックのインターナルをつくるスライスを設定。

3
バックのインターナルをつくるスライスを設定（2線目）。放射状に曲線（点線）で描く。

4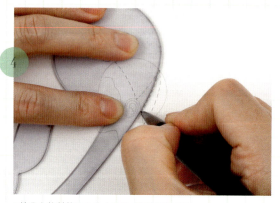
3線目も放射状のスライスに。雲形定規のフィットする部分を探しながら曲線を引く。

5
エクスターナルと、インターナルをつくるスライスを描き終えた状態。

6
バック〜サイドをつなげるスライスを描く。横寄りの斜めスライスに（写真は2線目）。

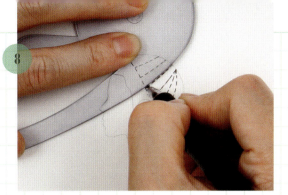
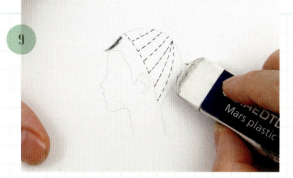

7 バック〜サイド（O/S）をつなげるスライスを描き終えた状態。スライス設計は終了。

8 スライス線上にパネルを描き込むため、消えないよう、ボールペンで曲線部を上書き。

9 下書きした曲線（点線）を消し、スライスのバランスを確認する。

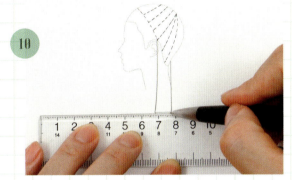
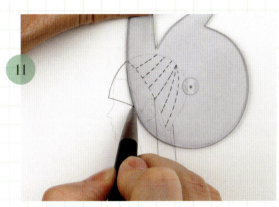

10 デッサンを見ながらバックのレングスを設定。長さとラインの角度に注意。

11 前髪は幅とライン設定に注意。毛流れを踏まえながら、曲線を引く。

12 あご下の丸みがある部分は、前方にODをかけ、ヘアラインに対してSLの切り口に。

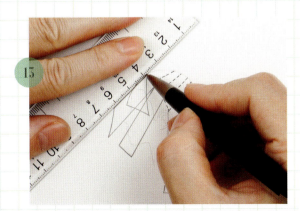
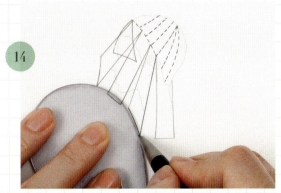
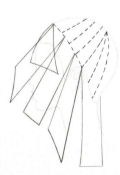

13 軽さがあり、なじんでいる12と前髪の接合部は、HLの切り口でつなげる。

14 12のSLとアウトラインの間は、薄く、動きが出ているため、HLの切り口でつなげる。

15 顔周りを構成するエクスターナルのパネルを描き終えた状態。

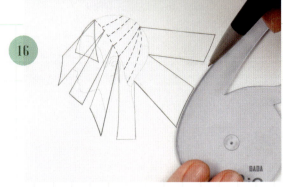

16 バックの正中線に移行。M/SはG、U/SはHLでアウトラインにつなげ、くびれを出す。

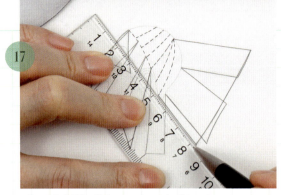

17 2線目(放射状)。後方にODをかけながら、正中線に寄せるイメージで線を引く。

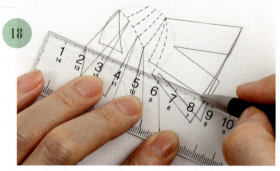

18 3線目。裾が軽くなりやすいため、しっかりと後方へODをかけ、厚みが残るように。

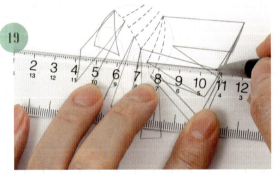

19 4線目。バックのインターナルをつくる最終パネル。裾周りは内側よりやや リフトアップ。

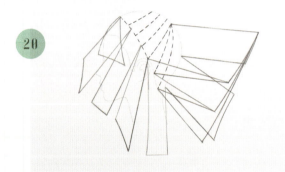

20 バックのインターナルまで描き終えた状態。サイドに向け、U/Sは徐々にリフトアップ。

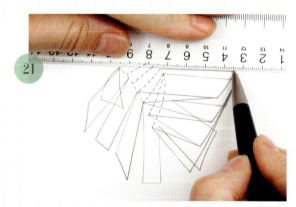

21 バック〜サイドをつなげるセクションに移行。O/SはM/S側よりややリフトアップ。

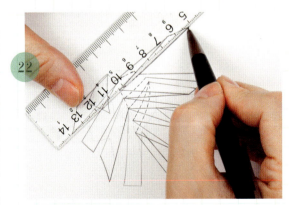

22 バック〜サイドの3線目で大きくリフトアップし、軽さをつくりながらウエイトを強調。

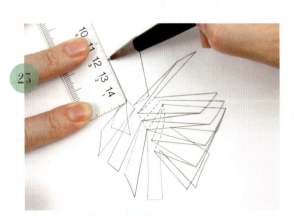

23 薄めに設定した前髪のセクションと、バックから切り進めたインターナルをつなげる。

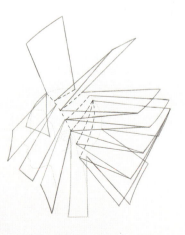

DIAGRAM FINISH

STEP 3　カットしたスタイルを分析

ダイヤグラムを描き終えたら、それをもとに
ウイッグをカット（P.106〜109で解説）。
頭の丸みを踏まえ、1パネルの意味を考えながらカットした後、
ドライ&スタイリングし、スマートフォンなどで撮影。
写真上で改善点を洗い出していく。

STEP 1　デッサンを描く

目指すスタイルをデッサンし、デザインの特徴をつかむ。

STEP 2　ダイヤグラムを描く

ダイヤグラムを作成。目指すスタイルを構成するカットのテクニックを明確化。

1　カットを実践

デッサンしたスタイルをイメージしながら、ダイヤグラムをもとにウイッグをカット。
カット&スタイリングを終えたら……

2　撮影して改善点を探す

仕上げたウイッグをスマホなどで撮影。カットの実践と、この撮影は必ずセットで行うこと。
なお、撮影時は広角にならないよう、ややズームで撮るとよい。こうして写真を撮り、その写真上でスタイルをチェックすれば、目指すスタイルに対する仕上がりの完成度を客観的に判断できる。
また、想定と違う仕上がりになっている部分に対しては、なぜそうなったのかを考えることも大切。技術的な反省点をピックアップしていき、次の練習に生かすことがトレーニングの質を上げ、スキルアップの近道となる。

古城 隆（こじょう・たかし）／1980年生まれ。大分県出身。大村美容専門学校（現・大村美容ファッション専門学校）卒業後、大分県内のサロン1店舗を経て、2000年に『DADA CuBiC』入社。'05年より「D.D.A.（DADA DESIGN ACADEMY）」の講師を務める。'19年、'21年JHA大賞部門グランプリ。現在、同サロンのクリエイティブディレクターを務める。著書に『見るだけで学べるテクニックブックシリーズ カット編 vol.1〜3』、『EYE』（いずれも小社刊）などがある。

小林和哉（こばやし・かずや）／1983年生まれ。岩手県出身。山野美容芸術短期大学卒業後、2004年に『DADA CuBiC』入社。現在「D.D.A.（DADA DESIGN ACADEMY）」講師の他、全国各地でカットセミナーの講師を務める。『見るだけで学べるテクニックブックシリーズ ヘアカラー編 ヘアカラーの見え方見せ方組み立て方』（小社刊）などにカッターとして参加。'23年に同サロンのアートディレクター、'24年に店長に就任。

STAFF LIST

DIRECTION & HAIR DESIGN	TAKASHI KOJO [DADA CuBiC]
	KAZUYA KOBAYASHI [DADA CuBiC]
HAIR COLOUR [model] & MAKE UP	RIHO WATANABE [DADA CuBiC]
HAIR COLOUR [wig]	ASUKA TSUTSUMI [DADA CuBiC]
ASSISTANT	KAITO TANABE [DADA CuBiC]
PHOTO	SEIJI TAKAHASHI [HAIR MODE Inc.]
ART DIRECTION & DESIGN	TRANSMOGRAPH
ウイッグ協力	株式会社ユーロプレステージ

MAKING THE SILHOUETTE
7つのかたちをつくり分ける ベースカットの組み立て方

2024年11月25日　初版発行

定価　6,050円（本体5,500円＋税10％）

著者　　　古城 隆・小林和哉［DADA CuBiC］

発行人　　小池入江

発行所　　株式会社ヘアモード社
　　　　　https://www.j-mode.co.jp/

［本社］〒154-0015 東京都世田谷区桜新町1-32-10-2F
TEL.03-5962-7087　FAX.03-5962-7088
［支社］〒541-0043 大阪府大阪市中央区高麗橋1-5-14-603
TEL.06-6222-5129　FAX.06-6222-5357

印刷・製本　　株式会社JPコミュニケーションズ

©D.D.A. CO., LTD. 2024
Published by HAR MODE Inc.
Printed in Japan
禁無断転載